SÜD
AFRIKA

SÜDAFRIKA – DAS BUCH

SÜDAFRIKA – DAS BUCH

SÜDAFRIKA – DAS BUCH

SÜDAFRIKA – DAS BUCH

ZU DIESEM BUCH

»Ich glaube fest daran, dass Südafrika der schönste Ort auf Erden ist. Natürlich bin ich voreingenommen. Aber wenn man die Naturschönheiten von Südafrika mit der Gastfreundschaft und Kulturvielfalt unserer Einwohner verbindet und in Betracht zieht, dass das Land ein Paradies für die Tierwelt ist, dann bin ich überzeugt, dass sogar der gewissenhafteste Kritiker mir übereinstimmen würde ...« (Nelson Mandela)

Angesichts der Vielfalt faszinierender Ethnien, Kulturen und Mentalitäten, die ebenso wie die Landesnatur für die grandiose Ausstrahlung Südafrikas sorgen, scheint dies nur zu berechtigt zu sein. Zwischen Südatlantik und Indischem Ozean blickt man auf eine wechselvolle Geschichte zurück. In den Jahren des Apartheidregimes immer mehr isoliert, kehrte Südafrika nach seiner großen Wende in die Staatengemeinschaft zurück. Die Wunden der Apartheid sind noch nicht

verheilt, die sozialen und wirtschaftlichen Unterschiede noch nicht aufgehoben, aber Südafrika ist auf einem guten Weg. Die Kulturen der »Regenbogennation« prägen Südafrika, und mindestens ebenso faszinierend ist die Vielfalt der Landschaften und die Fülle der Naturwunder. Antilopen, Nashörner, Elefanten, Leoparden, Löwen und viele andere Tiere bevölkern Savannen, Wüsten und Urwaldgebiete der großen Nationalparks ebenso wie die vielen kleinen Schutzgebiete. In den Gewässern entlang der 3000 Kilometer langen Küste tummeln sich Wale, Robben, Pinguine und der gefürchtete Weiße Hai.

Neugierig blicken die Zulu-Kinder durch einen Zaun in KwaZulu-Natal. Die Provinz im Osten Südafrikas ist das traditionelle Siedlungsgebiet des Volksstamms, in den Zeiten der Apartheid war das hier etablierte »Homeland« der einzige Ort, an dem Zulu Grund besitzen durften.

INHALT

Oben: Ein unvergessliches Erlebnis ist die Begegnung mit einer Elefantenherde – hier im Addo Elephant National Park.

Bilder auf den vorherigen Seiten:
S. 2/3: Auch wenn sie bis zu 4,50 Meter groß werden, zählen Giraffen nicht zu den klassischen »Big Five« der afrikanischen Tierwelt.
S. 4/5: Als unverkennbares Naturwunder und Ikone Südafrikas gilt der 1087 Meter hohe Tafelberg bei Kapstadt.
S. 6/7: Zur atemberaubenden Tierwelt, die viele Besucher nach Südafrika lockt, gehören auch Geparden – die schnellsten Landtiere der Erde.
S. 8/9: Zwischen Tafelberg und Atlantik schmiegt sich Kapstadt in die malerische Landschaft. Vom Plateau aus genießt man einen herrlichen Blick auf die Stadt und den quirligen Hafen.

DIE KAP-HALBINSEL	**20**
Kapstadt: Downtown	22
Castle of Good Hope	24
Iziko South African Museum	25
Long Street	26
Christiaan Neethling Barnard	28
Bo-Kaap	30
Victoria & Alfred Waterfront	32
Victoria Wharf Mall	36
Two Oceans Aquarium	37
Tafelberg	38
Naturparadies Tafelberg	40
Clifton	42
Twelve Apostles und Camps Bay	44
Strandleben rund um Kapstadt	48
Hout Bay	52
Chapman's Peak Drive	56
Kommetjie	58
Kap der Guten Hoffnung	60
Cape of Good Hope Nature Reserve	62
Boulders Beach	63
Blouberg Beach	66
Robben Island	70

Nelson Mandela: Free at Last!	72	Knysna	114	Nahoon Beach	158
Stellenbosch	74	Knsyna Forest	116	Transkei	160
Cape Winelands	76	Plettenberg Bay	118	*Xhosa*	162
Franschhoek und Paarl	78	*Auf der Straußenfarm*	120	*Desmond Tutu*	166
Edle Tropfen engagierter Winzer	80	Little Karoo	122	Wild Coast	168
Stellenbosch Wine Routes	81	Swellendam	126	*Gefährdet und gefährlich: der Weiße Hai*	172
Swartland	82	Cango Caves	126	Dwesa-Cwebe Marine Protected Area	174
West Coast	83	Swartberg Nature Reserve	128		
West Coast National Park	84	Great Karoo	130	**NORDKAP**	**176**
Lamberts Bay	86	Karoo National Park	132	Orange River	178
Cederberg Mountains	88	Camdeboo National Park,		|Ai-|Ais Richtersveld Transfrontier Park	180
Felsbilder der San in den Zederbergen	92	Valley of Desolation	134	*Nama: das Brudervolk der San*	184
Bakkrans Nature Reserve	94	Mountain Zebra National Park	136	Namaqualand	186
Betty's Bay	96			Namaqua National Park	188
Kogelberg Biosphere Reserve	96	**OSTKAP**	**138**	Goegap Nature Reserve	192
Hermanus	100	Garden Route National Park		Augrabies Falls National Park	194
Whale Watching	102	(Tsitsikamma National Park)	140	Kgalagadi Transfrontier Park	198
Cape Agulhas	104	Gqeberha (ehemals Port Elizabeth)	144	*Kalahari – die rote Wüste*	*202*
De Hoop Nature Reserve	106	Algoa Bay	146	Kimberley	206
Bontebok National Park	108	Addo Elephant National Park	148	*Diamanten: vom Boom zum*	
Mossel Bay	110	*Die »Big Five«: Afrikanische Büffel*	152	*»Kimberley-Prozess«*	208
Outeniqua Choo-Tjoe	110	Shamwari Game Reserve	154		
Garden Route	112	East London	158		

INHALT

Oben: An der südafrikanisch-namibischen Grenzen verschmelzen die Formen und Farben der Landschaft malerisch mit dem Abendhimmel und der gezackten Silhouette eines Köcherbaums.

GAUTENG · NORDWEST · FREISTAAT   **210**

Pretoria	212
Townships	214
Voortrekker Monument	216
Ditsong National Museum of Natural History	218
Nadine Gordimer	220
Johannesburg	222
Museen	224
Soweto	226
Musikalisches Südafrika: »Township Jive«	230
Miriam Makeba	232
Madikwe Game Reserve	234
Sun City	236
Pilanesberg National Park & Game Reserve	238
Hartbeespoort Dam Reservoir	238
Bloemfontein	240
Eastern Free State	242
Golden Gate Highlands National Park	244
Die Basotho	248

LIMPOPO UND MPUMALANGA	**250**	Blyde River Canyon Nature Reserve	302	Ithala Game Reserve	344
Ndebele	252	God's Window	306	Hluhluwe-iMfolozi Park	346
Magoebaskloof	254	Bourke's Luck Potholes	308	*Cetshwayo*	350
Marakele National Park	258	Berlin Falls	312	Phinda Game Reserve	352
Mapungubwe National Park	260	*Hugh Masekela*	314	iSimangaliso Wetland Park	354
Makalali Game Reserve	262			*Nilkrokodile*	356
Die »Big Five«: Nashörner	266	**KWAZULU-NATAL**	**316**	Pongola Nature Reserve	360
Kapama Game Reserve	268	Durban	318	Tembe Elephant Park	361
Kruger National Park	270	Beachfront	320	Ndumo Game Reserve	362
Die »Big Five«: Löwen	272	*Buren: der Mythos vom Großen Treck*	322	*Die »Big Five«: Elefanten*	364
Lanner Gorge	274	Pietermaritzburg	323		
Paul Kruger	276	Drakensberge	324	**ESWATINI UND LESOTHO**	**366**
Letaba River	278	uKhahlamba-Drakensberg Park	326	Eswatini	368
Die »Big Five«: Leoparden	280	Giant's Castle Game Reserve	328	Mlilwane Wildlife Sanctuary	370
Lepelle River und Olifants Rest Camp	282	Cathedral Peak	330	Malolotja Nature Reserve	370
Kruger National Park: Südlicher Teil	284	*San: Jäger und Sammler am Rand der Gesellschaft*	332	Hlane Royal National Park	372
Timbavati Game Reserve	286	*Felsmalereien der San in den Drakensbergen*	334	Lesotho	376
Ulusaba Game Reserve	288			Sani Pass	378
Lodges: Luxus in der Wildnis	290	Royal Natal National Park	336	Maletsunyane Gorge	380
Sabie River	292	Rugged Glen Nature Reserve	338		
Sabi Sabi Game Reserve	294	*Zulu*	340	Register	382
Sabi Sands Game Reserve	296	Shakaland	342	Bildnachweis/Impressum	384
Die grandiose Vogelwelt Südafrikas	298				

ÜBERSICHTSKARTE SÜDAFRIKA (WEST)

1	Kapstadt	22
2	Clifton	42
3	Twelve Apostles und Camps Bay	44
4	Hout Bay	52
5	Chapman's Peak Drive	56
6	Kommetjie	58
7	Kap der Guten Hoffnung	60
8	Boulders Beach	63
9	Blouberg Beach	66
10	Robben Island	70
11	Stellenbosch	74
12	Franschhoek und Paarl	78
13	Swartland	82
14	West Coast	83
15	West Coast National Park	84
16	Lamberts Bay	86
17	Cederberg Mountains	88
18	Bakkrans Nature Reserve	94
19	Betty's Bay	96
20	Kogelberg Biosphere Reserve	96
21	Hermanus	100
22	Cape Agulhas	104
23	De Hoop Nature Reserve	106
24	Bontebok National Park	108
25	Mossel Bay	110
26	Garden Route	112
27	Knysna	114
28	Knsyna Forest	116
29	Plettenberg Bay	118
30	Little Karoo	122
31	Swellendam	126
32	Cango Caves	126
33	Swartberg Nature Reserve	128
34	Great Karoo	130
35	Karoo National Park	132
48	Orange River	178
49	|Ai-|Ais Richtersveld Transfrontier Park	180
50	Namaqualand	186
51	Namaqua National Park	188
52	Goegap Nature Reserve	192
53	Augrabies Falls National Park	194
54	Kgalagadi Transfrontier Park	198

ÜBERSICHTSKARTE SÜDAFRIKA (OST)

23	De Hoop Nature Reserve	106		62	Bloemfontein	240
24	Bontebok National Park	108		63	Eastern Free State	242
25	Mossel Bay	110		64	Golden Gate Highlands National Park	244
26	Garden Route	112		65	Magoebaskloof	254
27	Knysna	114		66	Marakele National Park	258
28	Knsyna Forest	116		67	Mapungubwe National Park	260
29	Plettenberg Bay	118		68	Makalali Game Reserve	262
30	Little Karoo	122		69	Kapama Game Reserve	268
31	Swellendam	126		70	Kruger National Park	270
32	Cango Caves	126		71	Timbavati Game Reserve	286
33	Swartberg Nature Reserve	128		72	Ulusaba Game Reserve	288
34	Great Karoo	130		73	Sabie River	292
35	Karoo National Park	132		74	Sabi Sabi Game Reserve	294
36	Camdeboo National Park, Valley of Desolation	134		75	Sabi Sands Game Reserve	296
37	Mountain Zebra National Park	136		76	Blyde River Canyon Nature Reserve	302
38	Garden Route National Park (Tsitsikamma National Park)	140		77	Berlin Falls	312
39	Gqeberha (Port Elizabeth)	144		78	Durban	318
40	Algoa Bay	146		79	Pietermaritzburg	323
41	Addo Elephant National Park	148		80	Drakensberge	324
42	Shamwari Game Reserve	154		81	uKhahlamba-Drakensberg Park	326
43	East London	158		82	Royal Natal National Park	336
44	Nahoon Beach	158		83	Rugged Glen Nature Reserve	338
45	Transkei	160		84	Shakaland	342
46	Wild Coast	168		85	Ithala Game Reserve	344
47	Dwesa-Cwebe Marine Protected Area	174		86	Hluhluwe-iMfolozi Park	346
48	Orange River	178		87	Phinda Game Reserve	352
53	Augrabies Falls National Park	194		88	iSimangaliso Wetland Park	354
54	Kgalagadi Transfrontier Park	198		89	Pongola Nature Reserve	360
55	Kimberley	206		90	Tembe Elephant Park	361
56	Pretoria	212		91	Ndumo Game Reserve	362
57	Johannesburg	222		92	Eswatini	368
58	Madikwe Game Reserve	234		93	Malolotja Nature Reserve	370
59	Sun City	236		94	Mlilwane Wildlife Sanctuary	370
60	Pilanesberg National Park & Game Reserve	238		95	Hlane Royal National Park	372
61	Hartbeespoort Dam Reservoir	238		96	Lesotho	376
				97	Sani Pass	378
				98	Maletsunyane Gorge	380

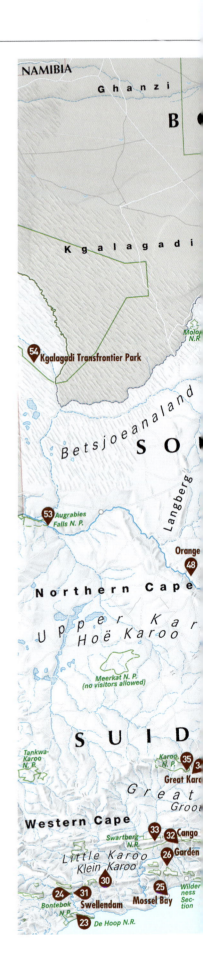

DIE KAP-HALBINSEL

Das Westkap erstreckt sich nur über eine kleine Fläche des Riesenlandes Südafrika, besitzt dabei aber eine Fülle von Attraktionen: Das lebhafte, multikulturelle Kapstadt, die windumtoste Kap-Halbinsel mit Tafelberg und Kap der Guten Hoffnung, die nostalgischen Güter des Weinlands, die Weite und Kargheit der Großen Karoo und die bezaubernden Städtchen entlang der Garden Route sind nur einige der vielen Natur- und Kulturschönheiten. Die Flora dieser Region wurde sogar wegen ihres Artenreichtums als »Cape Floral Kingdom« von der UNESCO zum Weltnaturerbe erklärt.

Rund 30 Millionen Menschen pro Jahr genießen den zauberhaften Anblick der V&A Waterfront in Kapstadt. Der Hafen lädt dazu ein, einen Einkaufsbummel zu unternehmen, den man abends in einem der vielen Restaurants bei angenehmer Livemusik ausklingen lassen kann.

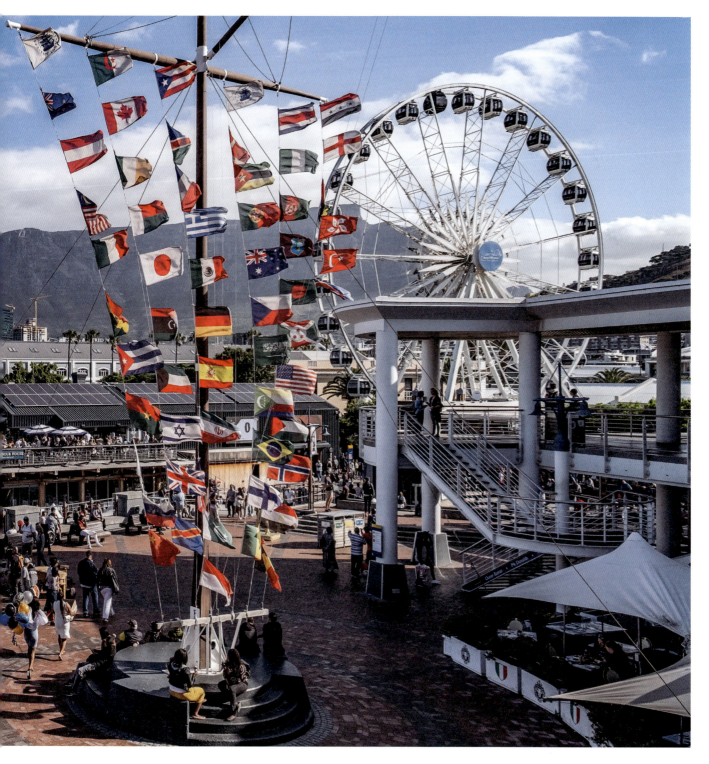

KAPSTADT: DOWNTOWN

Dank seiner einzigartigen Lage am Fuß des Tafelbergs gilt Kapstadt als eine der reizvollsten Metropolen der Welt. Diese Attraktivität lockt nicht nur immer mehr Touristen an die Südspitze Afrikas, sie spiegelt sich auch im rasanten Wachstum des Foreshore genannten Finanzdistrikts zwischen Hafen und Tafelberg, in dem sich namhafte Unternehmen, Bankinstitute und Kanzleien niederlassen. Viele Kapstädter fürchten, dass die bislang so lässige und lebensfrohe Stadt durch diese Entwicklung leiden könnte. Doch noch bildet die glitzernde Skyline von Foreshore nur eine kleine Insel im Meer der niedrigen, teils noch aus der Kolonialzeit stammenden Häuser, die Kapstadt sein charakteristisches Gesicht verleihen. In Vierteln wie Bo-Kaap oder den Straßen rund um die Long Street ist das lebensfrohe, multikulturelle Kapstadt noch überaus lebendig.

Abends strahlt die Stadt ein warmes Licht aus. Wenn man die Hochhäuser betrachtet, ist es schwer vorstellbar, dass hier erst im 17. Jahrhundert holländische Siedler eine Versorgungsstation errichteten und damit die Grundlage für Kapstadt legten.

KAPSTADT: CASTLE OF GOOD HOPE

Als Jan van Riebeeck 1652 mit 72 Männern und acht Frauen am Kap landete, galt die größte Sorge der Kolonisten einer sicheren Unterkunft. Eine erste aus Holz errichtete Bastion wurde in den Jahren 1666 bis 1679 durch einen massiven Steinbau ersetzt. Das Castle of Good Hope gilt als Südafrikas ältestes Steingebäude. Die Festung hat die Form eines Fünfecks und ist durch mächtige Mauern und Wassergräben geschützt.

Bis heute blieb ihre militärische Funktion erhalten: Hier residiert das Highlanders-Regiment. In einem Teil der Räumlichkeiten zeigt die William Fehr Collection of Africana in Form von Antiquitäten, Porzellan und Gemälden, wie wohlhabende Kolonisten damals lebten. Besonders schön anzusehen ist der Balkon mit seiner Freitreppe, dessen Baldachin von kannelierten Holzsäulen getragen wird.

Unter der Woche finden jeden Tag zur Mittagszeit am Castle of Good Hope die immer gut besuchten Wachablösungen statt, bei denen die Soldaten historisch nachempfundene Uniformen tragen.

KAPSTADT: IZIKO SOUTH AFRICAN MUSEUM

Das 1825 gegründete Museum in einem historischen Bau an den Company's Gardens lädt zu einer spannenden Reise in die Geschichte Südafrikas ein. Angefangen bei über 700 Millionen Jahre alten Fossilien von Insekten und Fischen über erste menschliche Zeugnisse aus einer Zeit vor 120 000 Jahren, schlägt das Museum einen Bogen bis zur heutigen Kultur der San, die als Nachkommen der Ureinwohner Südafrikas gelten. Interessant sind vor allem die umfangreiche Sammlung archäologischer Funde und die Präsentation von Natur und Tierwelt, so der unterseeischen Flora und Fauna am Beispiel eines Kelpwaldes. Diese mächtigen Algenwälder bilden die typische Unterwasservegetation an der Küste der Cape Peninsula. Sonderausstellungen wandern auf Spuren der afrikanischen Dinosaurier oder folgen den Routen der Wale um die Südspitze Afrikas.

Das älteste Museum Südafrikas liegt in den Company's Gardens, wo u. a. das Delville Wood Memorial für die Gefallenen des Ersten Weltkriegs die Blicke auf sich zieht. Zu den Exponaten zählen jahrtausendealte Felskunstwerke der San (unten links) und die eisenzeitlichen Lydenburg-Köpfe (unten rechts).

KAPSTADT: LONG STREET

Kapstadts quirlige, multikulturelle Arterie durchquert das Stadtzentrum und endet heute kurz vor dem Hafenbereich – früher führte die Long Street bis ans Wasser. Gesäumt von teils wunderbar restaurierten, viktorianischen Häusern mit schmiedeeisernen Balkonen gilt sie als Aushängeschild der Kapmetropole. Hier residieren Edelboutiquen neben Läden mit Heilkräutern und magischen Pülverchen, Schnellimbisse neben Gourmetrestaurants, schicke Hotels neben billigen Absteigen. An der im 17. Jahrhundert angelegten Straße eröffnete 1809 das erste Einzelhandelsgeschäft. Bereits in der Apartheidära stand die Long Street für Toleranz und Zusammenleben der unterschiedlichsten Volksgruppen. Keine Frage, dass auch Cape Towns berühmtester Festumzug, die »Cape Minstrels Second New Years Street Parade«, einige Tage nach Neujahr ihren Weg durch die Long Street nimmt.

Wie schön ein bunter Mix aus allen Kulturen sein kann, erlebt man in Kapstadt auf der Long Street. Nicht nur Trödelmärkte und Antiquitätenläden, sondern auch stilvolle Pubs und kreative Restaurants findet man hier. Fakt ist: Auf der 3,2 Kilometer langen Straße ist immer etwas los.

CHRISTIAAN NEETHLING BARNARD

»Am Samstag war ich ein kaum bekannter Chirurg in Südafrika. Am Montag war ich weltberühmt.«

Was Christiaan Barnard am 3. Dezember 1967 gelang, war eine Sensation, die die Welt verändern sollte: Die erste erfolgreiche Herztransplantation kam einem medizinischen Wunder gleich. Geboren wurde Barnard 1922 in Beaufort West in der heutigen Provinz Westkap. Er studierte an der Universität Kapstadt und in den USA, wo er die neuesten Techniken der noch experimentellen Herztransplantation kennenlernte. In Südafrika stieg er schnell vom Assistenzarzt zum Professor für Herzchirurgie auf und führte insgesamt rund eintausend Herzoperationen durch. Ewigen Ruhm erlangte er jedoch als Leiter desjenigen Teams, dem 1967 im Groote Schuur Hospital in Kapstadt die weltweit erste Herztransplantation glückte. Selbst der Rummel um sein Privatleben und ethische Diskussionen konnten seinem Ruf als Mediziner und Medienstar nichts anhaben. Nachdem Barnard ab 1983 wegen einer Arthritis nicht mehr operieren konnte, starb er 2001 auf Zypern an den Folgen eines Asthmaanfalls. Obwohl der Patient Louis Washkansky nur 18 Tage überlebte, schrieb Barnards Pioniertat Medizingeschichte und verlängerte seither – dank des medizinischen Fortschritts – das Leben zehntausender Menschen um viele Jahre.

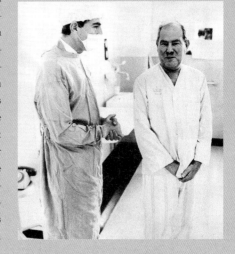

Philip Blaiberg war der zweite Mensch, an dem eine Herztransplantation durch Christiaan Barnard durchgeführt wurde. Er lebte mit seinem neuen Herzen noch 18 Monate (kleines Bild). Christiaan Barnard sorgte nicht nur als Arzt, sondern auch als Medienstar für Schlagzeilen (großes Bild).

KAPSTADT: BO-KAAP

Bo-Kaap ist eines der malerischsten Stadtviertel von Kapstadt. Steile, schmale Gassen werden von niedrigen, in Pastelltönen gestrichenen Häusern gesäumt; hier und da erblickt man das Minarett einer Moschee. In Bo-Kaap leben die Nachfahren von Sklaven, die im 17. und 18. Jahrhundert aus Indonesien, Sri Lanka, Indien und Malaysia verschleppt wurden. Die meisten sind muslimischen Glaubens und bewahrten Sprache wie Kultur ihrer Heimatländer. Als Instrument der Verständigung über Volks- und Sprachgrenzen hinweg entwickelte sich hier das Afrikaans, die Verkehrssprache des südlichen Afrika. Der alljährlich am 2. Januar gefeierte Coon Carnival erinnert an den einzigen arbeitsfreien Tag des Jahres, der den Sklaven damals zugestanden wurde. In knallbunten Anzügen mit Frack und Zylinder paradieren die Bo-Kaaper dann durch Kapstadts Innenstadt.

Wer behauptet, Kapstadt sei grau und eintönig, war noch nicht in Bo-Kaap. Typisch für das am Fuß des Signal Hill zwischen Rose, Wale, Chiappini und Shortmarket Street gelegene Stadtviertel sind seine bunten Häuser und die abschüssigen Straßen.

DIE KAP-HALBINSEL

KAPSTADT: VICTORIA & ALFRED WATERFRONT

Wo heute an der Waterfront Touristen und Einheimische ein Vergnügungsviertel mit Cafés, Restaurants und vielen weiteren Attraktionen genießen, lag früher Kapstadts Hafen. Zwischen den Jahren 1860 und 1920 wurde der Hafen mit zwei nach Königin Victoria und ihrem Sohn Prinz Alfred benannten Hafenbecken ausgebaut. Als diese um die Mitte des 20. Jahrhunderts für den modernen Containerschiffsverkehr zu klein geworden waren, verlegte man den Industriehafen. Lange Zeit verrotteten Anlagen und Gebäude, bis Anfang der 1990er-Jahre das Projekt »Waterfront« geboren wurde. Heute bildet die mittlerweile restaurierte Industriearchitektur des ausgehenden 19. Jahrhunderts einen stimmungsvollen Rahmen für Konzerte und Veranstaltungen. Dass es nach wie vor einen Hafenbetrieb mit Jachten und Ausflugsbooten gibt, verleiht der Waterfront Authentizität.

Der Tag neigt sich dem Ende zu, doch wer denkt, dass Kapstadt dann menschenleer ist, hat sich geirrt: Wenn das Wasser im Hafen sanft glitzert, lohnt es sich, an der V&A Waterfront noch ein wenig entlangzuspazieren und einfach nur die romantische Atmosphäre zu Füßen des Tafelbergs zu genießen.

KAPSTADT: VICTORIA & ALFRED WATERFRONT

Direkt am Hafen gelegen, bietet die Waterfront eine lebhafte Mischung aus Geschäften, Restaurants und Unterhaltungsmöglichkeiten.

KAPSTADT: VICTORIA WHARF MALL

»Shop 'til you drop« – Einkaufen bis zum Umfallen – scheint das Motto an Kapstadts Waterfront zu sein. Eine der schönsten und größten Möglichkeiten hierzu bietet die Shopping-Mall Victoria Wharf, direkt gegenüber vom Clock Tower. Von Adidas bis Zara sind hier alle bekannten Modemarken vertreten, dazu noch Buchhandlungen, Elektronikmärkte und vor allem viele Juweliere. Food-Courts und kleine Restaurants sorgen für das leibliche Wohl. In Workshops können Besucher die Tradition des afrikanischen Kunsthandwerks erlernen. Anfang der 1990er-Jahre vollendet, überzeugt das Center aber nicht nur durch seine Läden, sondern auch durch seine Architektur, die von einem südafrikanischen Architekturbüro entworfen wurde. Elegant gelang hier eine Mischung aus viktorianischem Stil und buntafrikanischer Lebensfreude.

Abends bieten die auf den Außenterrassen der Shopping-Mall gelegenen Restaurants einen herrlichen Blick auf die V & A Waterfront. Im Inneren herrscht ein elegantes Flair, das durch die filigrane Deckenkonstruktion noch unterstrichen wird.

KAPSTADT: TWO OCEANS AQUARIUM

Die Unterwasserwelt beider Ozeane, des Indischen wie des Atlantischen, präsentiert das Aquarium an der Waterfront in seinen Wassertanks. Spektakuläres Herzstück der Anlage ist der zwei Millionen Liter Wasser fassende und über mehrere Stockwerke reichende Open Ocean Tank, in dem Haie und Rochen ihre Bahnen ziehen. Als bewegter Unterwasser-Urwald entpuppt sich der Kelpwald, der die küstennahen Gewässer prägt, mit einer erstaunlichen Artenvielfalt. Didaktisch aufbereitet ist das Diorama, in dem Besucher den Weg eines Flusses von der Quelle bis zur Mündung ins Meer verfolgen können. Einen putzigen Anblick bieten die Felsenpinguine am künstlichen Sandstrand, an dem Ebbe und Flut simuliert werden. Nicht nur Touristen besuchen das Two Oceans, auch zahlreiche Schulklassen lernen in ihm die maritime Umwelt kennen.

Direkt an der Victoria & Alfred Waterfront gelegen, lohnt sich ein Besuch des Two Oceans Aquarium. Denn einen Hai und zahlreiche andere eindrucksvolle Fische trifft man nicht jeden Tag so hautnah.

KAPSTADT: TAFELBERG

Das einheimische Nomadenvolk der Khoikhoi nannte ihn »hoeri kwaggo«, was »Seeberg« bedeutet; seinen heute gebräuchlichen Namen verdankt der Tafelberg seinem europäischen Erstbesteiger: dem Portugiesen António de Saldanha, der ihn 1503 »Taboa do Cabo« (»Tafel des Kaps«) taufte. Zu Fuß muss das imposante Massiv mittlerweile niemand mehr erklimmen: Eine bequeme Gondelbahn bringt Besucher hinauf. Eine Reihe weiterer markanter Gipfel rahmt den Berg und die Stadt ein, darunter Lion's Head und Signal Hill im Nordwesten sowie die Zwölf Apostel im Südwesten. Das Panorama mit der Millionenmetropole, der tiefblauen False Bay und den weit ins Meer hinauswachsenden Felszacken der Kap-Halbinsel ist atemberaubend. Für Ablenkung sorgen die zutraulichen, Murmeltieren ähnelnden Klippschliefer, die auf dem Tafelberg um Futter betteln.

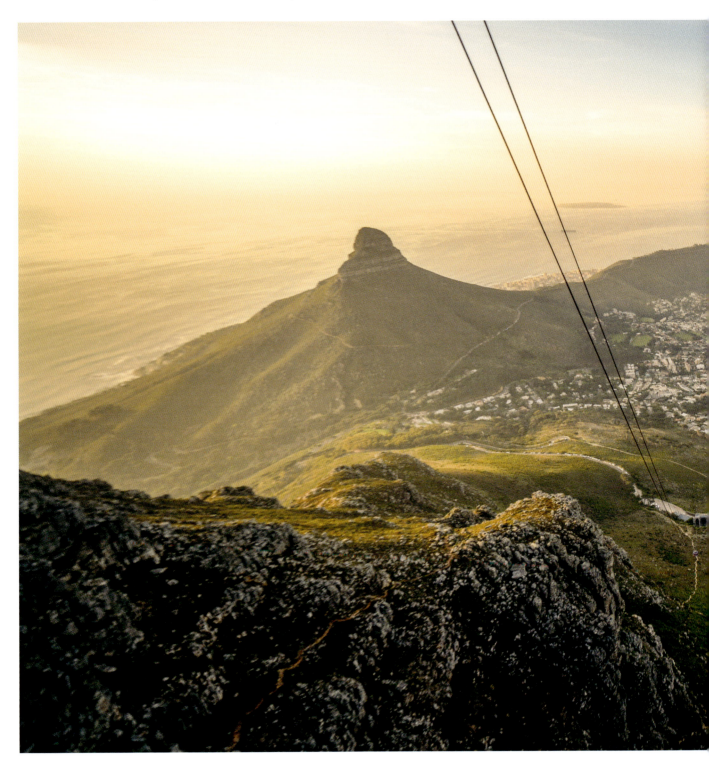

Eingerahmt vom Tafelberg und seinen Nebengipfeln, umschlungen von der See, geschichtsträchtig in den alten Kolonialbauten und multikulturell: Kapstadt gehört sicherlich zu den schönsten Metropolen der Welt.

NATURPARADIES TAFELBERG

Typische Vertreter der südafrikanischen Flora gedeihen auf dem 528 Hektar großen Areal des Kirstenbosch National Botanical Garden am Osthang des Tafelbergs. Davon sind nur 36 Hektar kultiviert, das übrige Gelände ist einer wild wachsenden Fynbos-Vegetation überlassen. Wegen des feuchten Klimas am Kap werden Pflanzen aus warmen Trockengebieten in Gewächshäusern gezogen. Zu den Attraktionen zählt der Steingarten mit 15 verschiedenen Proteenarten, die zwischen Mai und Oktober blühen. Ein Dufterlebnis erwartet den Besucher im Kräutergarten. Historische Bedeutung hat die 1660 von Jan van Riebeeck gepflanzte Hecke aus wilden Mandelbäumen. Auch die von Cecil Rhodes im Jahr 1898 angelegte Allee aus Kampferbäumen ist noch erhalten; beide Baumarten gehören jedoch nicht zur autochthonen südafrikanischen Flora, auf die der botanische Garten spezialisiert ist. Unter einer mächtigen Atlaszeder befindet sich das Grab des ersten Direktors von Kirstenbosch, Harold Pearson. Besucher genießen in Kirstenbosch aber nicht nur die bunte Pflanzenvielfalt: In den Sommermonaten unterhalten abendliche Konzerte zum Sonnenuntergang, gelegentlich werden hier Kunsthandwerksmärkte veranstaltet. Ein Restaurant und ein Teehaus sorgen für das leibliche Wohl.

Alleine die Lage des botanischen Gartens am Fuß des Tafelbergs sorgt für spektakuläre Perspektiven. Der Garten ist besonders bekannt für seine beeindruckende Sammlung einheimischer Pflanzen, darunter die majestätische Königsprotea (*Protea cynaroides*). Diese auffällige Blume verkörpert die einzigartige Schönheit der südafrikanischen Flora. Die Blüte der Königsproteen sowie der pinkfarbenen *Watsonia* sind zudem Höhepunkte im Jahreslauf.

CLIFTON

Das südlich an Kapstadt anschließende Clifton wurde als Siedlung für Soldaten gegründet, die aus dem Ersten Weltkrieg zurückkehrten. Heute gilt der Ort an der von vier Traumstränden gesäumten Bucht als eines der teuersten Pflaster Südafrikas. Die Grundrisse der winzigen Häuschen aus früherer Zeit bestimmen bis heute den Zuschnitt der Neubauten. Viele Villen stehen malerisch auf Klippen über der Clifton Bay, denn der über dem Ort aufragende Lion's Head steigt relativ steil aus dem Meer und lässt entlang der Strandlinie nur wenig Raum für Bebauung. Obwohl das Wasser des Atlantiks selten Temperaturen von mehr als 18 °C erreicht, kommen im Sommer zahlreiche Kapstädter nach Clifton, um zu baden oder Wassersport zu treiben. Dies allerdings streng nach Interessensgruppen geordnet, denn jeder Strand wird von einer bestimmten Gesellschaftsschicht bevorzugt.

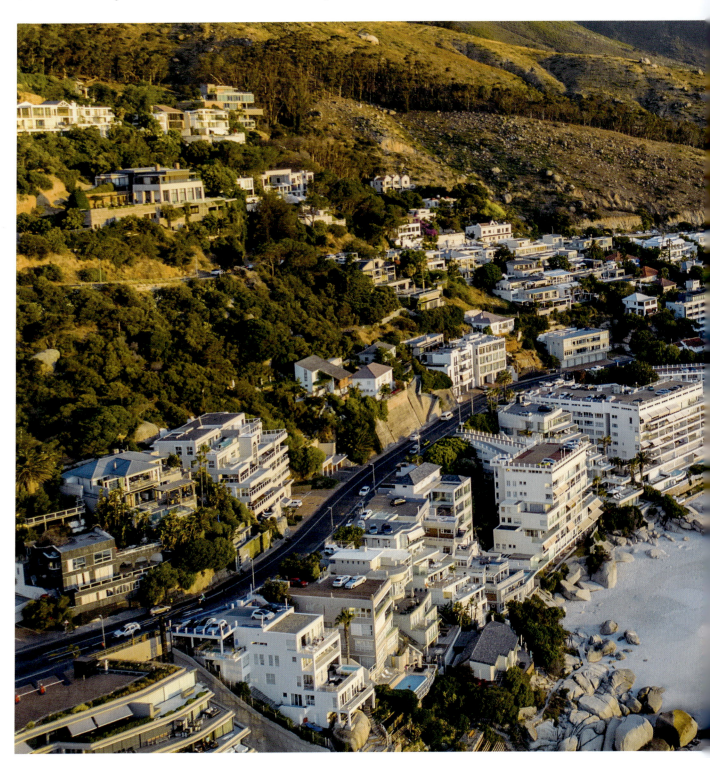

Das Wasser der Clifton Bay ist eiskalt. Trotzdem sind die Strände stets gut besucht. Wen stört es schon, dass eine Wassertemperatur von 18 °C der Durchschnitt ist, wenn man dafür im weichen Sand liegen kann. Die hier gelegenen Villen mit einem so fantastischen Ausblick zählen zu den teuersten im Land.

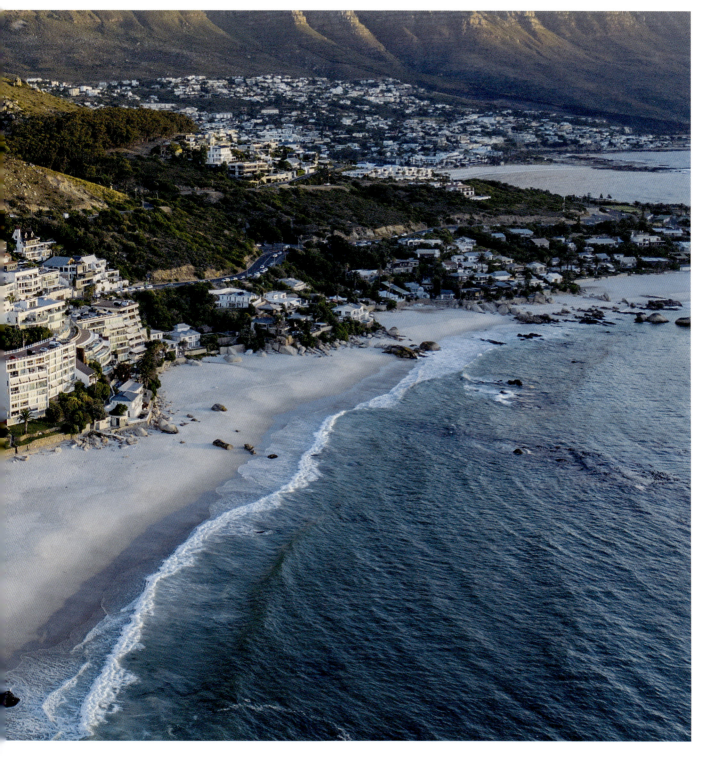

TWELVE APOSTLES UND CAMPS BAY

Nach Südwesten zu, dem Verlauf der Panoramastraße um die Kap-Halbinsel folgend, schließt die Bergkette der Zwölf Apostel an den Tafelberg an. Ihre zackenförmig erodierten Gipfel ragen wie rostrote Sägezähne über dem Kapstädter Vorort Camps Bay empor. Seinen Namen verdankt dieser Bergzug dem britischen Gouverneur Rufane Donkin, der glaubte, in jedem der zwölf steilen Zacken einen bestimmten Apostel zu erkennen. Die Bucht mit ihren puderfeinen, weißen Stränden ist bei den Kapstädtern vor allem am Wochenende ein beliebtes Ausflugsziel, auch wenn der hier dank des antarktisch geprägten Benguelastroms deutlich eisgekühlte südatlantische Ozean nur die Mutigsten zum Sprung ins Wasser animiert. Restaurants, Cafés und Diskotheken bieten den Feriengästen die gewünschte Unterhaltung, und die spektakulären Berge präsentieren sich als Wanderparadies.

Der Bergrücken der Zwölf Apostel beschert dem Kapstädter Ferienvorort Camps Bay ein einzigartiges Panorama. Doch schnelle Wetterumschwünge sind hier keine Seltenheit und erschweren eine Wanderung.

TWELVE APOSTLES UND CAMPS BAY

Auch hier ist gelegentlich ein ähnlicher Effekt wie auf dem Tafelberg zu beobachten: Der »Kapdoktor« weht eine Wolkenschicht wie ein Tischtuch über das Plateau.

DIE KAP-HALBINSEL

STRANDLEBEN RUND UM KAPSTADT

Kapstadts Wasserratten haben die Qual der Wahl zwischen den Stränden auf der Atlantikseite der Kap-Halbinsel und jenen entlang der False Bay, die zwar ebenfalls zum Atlantik gehört, vom kalten Benguelastrom aber nicht berührt wird. Diese von der Antarktis kommende Strömung kühlt die Gewässer entlang der Westküste auf empfindliche 12 bis 15 °C ab, in der False Bay hingegen kann sich das Meer an warmen Sommertagen durchaus auf milde 20 °C erwärmen. Das wohltemperierte Wasser ist also nicht der Hauptanziehungspunkt an Kapstadts Stränden. Surfer und Windsurfer suchen im Atlantik vorrangig den Thrill mächtiger Wellenberge an den Stränden von Noordhoek und Long Beach. Wer es weniger sportlich mag, der wählt entlang der False Bay traditionelle Badeorte wie Muizenberg, wo im 19. Jahrhundert am breiten Sandstrand viktorianisch-prüde gebadet wurde. Damit Damen wie Herren keine Blöße zeigten, errichtete man hübsche Holzhäuschen, die noch heute bunt bemalt den Strand einrahmen. Deutlich ruhiger ist es an den zahlreichen kleinen Buchten von Simon's Town, wo »The Boulders« – große Felsbrocken – die Strandlinie strukturieren. Nicht nur Badegäste, auch die Wale lieben das warme Wasser der False Bay: Im Oktober und November kommen die Tiere mit ihren Jungen in die Bucht.

Selbst im Sommer ist das Atlantikwasser an den Stränden recht frisch. Gegen die Kälte hilft Bewegung am besten: Auffrischende Winde sorgen für perfekte Wellen für Surfer, und am Kapstädter Sandy Beach geht man auch gern mit dem Paddelboot ins Wasser. Ein weiterer Vorteil: So ein Boot sorgt für ein wenig Schutz vor Weißen Haien. Eine Beobachtungsstation warnt aber davor, wenn Gefahr droht.

STRANDLEBEN RUND UM KAPSTADT

Bunte Badehäuschen säumen die Bucht von Muizenberg, an Wochenenden herrscht hier reger Trubel.

HOUT BAY

Der Fischerort Hout Bay ist der nördliche Ausgangs- bzw. Endpunkt der spektakulären Küstenstraße Chapman's Peak Drive und ein bedeutender Hafen für den Fisch- und Langustenfang. Die von den Hügeln The Sentinel und Karbonkelberg eingerahmte Bucht erweckte die Aufmerksamkeit des Koloniegründers Jan van Riebeeck, weil sie so dicht bewaldet war; ihr Name »Hout« (holländisch = Holz) Bay verweist auf diesen Umstand. Ab Ende des 19. Jahrhunderts begann man, den Fischreichtum vor der Küste auch industriell zu verwerten – mit dem Bau der Konservenfabrik konnte der Fang auch entlegene Landesteile erreichen. Heute spielt neben der Fischerei der Tourismus eine wichtige Rolle. Auf der vorgelagerten Insel Duiker Island tummeln sich bis zu 8000 Kap-Pelzrobben. Der Besuch der Kolonie ist ein ebenso faszinierendes wie geruchsintensives Erlebnis.

Umgeben von malerischen Hügeln und einer charmanten Atmosphäre ist der Hafen von Hout Bay bekannt für seine frischen Meeresfrüchte wie Hering, Makrele und Langusten. Vor allem der Snoek – eine Hechtmakrele – geht hier ins Netz, gilt allerdings als in seinem Bestand gefährdet.

HOUT BAY

Atemberaubender Panoramablick auf die Hout Bay mit den markanten Bergen Sentinel und Chapman's Peak. Die Bucht zählt zu den wenigen »Big-Wave«-Surfspots weltweit.

DIE KAP-HALBINSEL

CHAPMAN'S PEAK DRIVE

Die 1922 eröffnete, neun Kilometer lange Panoramastraße zwischen Hout Bay und Noordhoek mäandert in 114 Kurven und teils schwindelerregender Höhe entlang der Flanke des 592 Meter hohen Chapman's Peak. Sieben Jahre dauerte der Bau, den damals viele für unmöglich hielten. Hinter jeder Kurve eröffnen sich neue, atemberaubende Ausblicke auf die steile Gebirgslandschaft und den Atlantik. Die vor allem bei Touristen beliebte Route war wegen Felsstürzen immer wieder gesperrt; ab 2000 durfte sie wegen Steinschlaggefahr überhaupt nicht mehr befahren werden. Darauf übernahm ein privates Konsortium den Ausbau und die Sicherung der Küstenstraße und erhebt seit ihrer Fertigstellung 2003 von passierenden Fahrzeugen eine Mautgebühr. Doch auch jetzt ist das Befahren des Chapman's Peak Drive nicht immer möglich, nach Regenfällen ist die Straße des Öfteren gesperrt.

Atemberaubende Aussichten offeriert der Chapman's Peak Drive, der zu den schönsten Autostrecken der Welt gezählt werden darf. Viele Parkbuchten entlang der Strecke sorgen dafür, dass man sich ausruhen und die Panoramen ohne Verkehrsstress genießen kann.

KOMMETJIE

Der südlichste Punkt des afrikanischen Kontinents ist bei Kommetjie zwar noch nicht erreicht, aber die Landschaft an diesem windumtosten Ort wirkt durchaus wie das Ende der Welt. Die kleine, gerade einmal knapp 2500 Einwohner zählende Gemeinde zeigt sich besonders engagiert für den Erhalt einer intakten Umgebung. Noch vor 100 Jahren, zur Zeit der Ortsgründung, bestand das Umland aus Marschgebieten, in denen seltene Pflanzen heimisch waren. Zahlreiche Wasservögel suchten dieses feuchte Paradies auf, und bei den Familien aus der Umgebung war es üblich, zur Weihnachtszeit einige Tage beim Campen in den Wetlands zu verbringen. Bis heute lassen sich an den Brackwassern und auf Felsstränden um Kommetjie Rosaflamingos und Robben beobachten; von den dichten Milkwoodwäldern sind allerdings nur wenige Bäume erhalten.

Beliebt ist die Bucht von Kommetjie heute auch als Surfspot. Aufgrund der tückischen Meeresströmungen wurde hier 1919 das Slangkop Point Lighthouse errichtet. Der 33 Meter hohe Leuchtturm ist heute Ziel für Besucher, die am acht Kilometer langen Noordhoek Beach entlangwandern.

KAP DER GUTEN HOFFNUNG

Der Portugiese Bartolomeo Diaz war 1488 der erste Europäer, von dessen gelungener Umseglung der Südspitze Afrikas die Nachwelt erfuhr – denn er kehrte auf dem gleichen Weg zurück. Da ihm am Kap jedes Mal Unwetter zusetzten, nannte er es »Kap der Stürme«. Später wurde »Kap der Guten Hoffnung« daraus, angeblich auf Anregung des portugiesischen Königs Johann II. Die Portugiesen waren aber sicher nicht die Ersten in diesem Teil der Weltmeere: Antiken Quellen zufolge umrundete bereits eine Expedition des Karthagers Hanno im 6. Jahrhundert v. Chr. Afrika. Auch stammten die Informationen, die den portugiesischen Entdeckungsfahrten zugrunde lagen, wohl von anderen Seefahrern, die diese Reisen zuvor unternommen hatten. Auf Diaz folgten Vasco da Gama und viele andere, doch erst deren Landsmann Antonio do Saldanha ankerte 1503 in der False Bay.

Bei Seefahrern gilt die Küste am Kap der Guten Hoffnung als eine der schönsten – allerdings auch tückischsten – der Erde. Seit dem 15. Jahrhundert gab es Tausende dokumentierte Schiffsunglücke vor der Südspitze Afrikas. An den meisten Tagen zeigt sich die See turbulent.

DIE KAP-HALBINSEL

CAPE OF GOOD HOPE NATURE RESERVE

Die Südspitze der Kap-Halbinsel steht als Table Mountain National Park unter Naturschutz. Den südlichsten Teil des rund 8000 Hektar großen Areals nimmt das Cape of Good Hope Nature Reserve ein. In ihm leben Paviane, Strauße, verschiedene Antilopenarten, Bergzebras und Robben; im Wasser können mit Glück Wale gesichtet werden. Die typische Kapflora ist u.a. mit strahlend schönen Proteen vertreten, die bunte Tupfer in die karge Landschaft setzen. Spazierwege erschließen diesen unwirtlich, zugleich aber auch faszinierend wirkenden Ort. Nur die teils richtig aggressiv um Nahrung bettelnden Paviane trüben das Vergnügen, im Naturschutzgebiet zu wandern. Beim windumtosten Cape Point, einer 249 Meter hohen Anhöhe, ist schließlich der südwestlichste Zipfel Afrikas erreicht. Zwei Leuchttürme weisen hier den Schiffen den Weg.

An den felsigen Küsten des Reservats kann man häufig Südafrikanische Seebären beobachten, die auf den Felsen ruhen oder im Wasser jagen. Ihre verspielte Natur und akrobatischen Fähigkeiten machen sie zu einer beliebten Attraktion für Touristen und Naturbeobachter.

BOULDERS BEACH

Den riesigen, von Wind und Meer fast rund abgeschliffenen Felsbrocken verdankt Boulders Beach in Simon's Town seinen Namen. Die Attraktion aber sind die Brillenpinguine, die in mehreren Kolonien an den drei Stränden des Städtchens leben. Eine ungewöhnliche Ortswahl für die Vögel, die normalerweise abgelegene Felszungen oder Inseln bevorzugen. Brillenpinguine gelten als bedrohte Tierart, ihr Bestand ging innerhalb von 60 Jahren auf heute nur noch rund 20 000 Brutpaare zurück. In Boulders watscheln durchschnittlich 2000 bis 3000 Pinguine die Strände entlang. Auf eigens angelegten Plankenwegen dürfen sich Besucher den Tieren nähern und sie beobachten. Auch an den anderen Stränden von Simon's Town sind gelegentlich Pinguine zu sehen. Dort können menschliche Gäste auch sonnenbaden oder schwimmen.

Um 99 Prozent ist die Zahl der Brillenpinguine in Afrika im Vergleich zum Anfang des 20. Jahrhunderts zurückgegangen. Am Boulders Beach hat sich eine kleine Kolonie erhalten.

BOULDERS BEACH

Mit zwei Brutpaaren fing es 1982 an, heute bevölkern 2000 bis 3000 durchaus neugierige Brillenpinguine den Boulders Beach.

BLOUBERG BEACH

Perlweiße Sandstrände und der atemberaubende Blick auf Kapstadt, den Tafelberg und Robben Island sind das Kapital des Bade- und Surfmekkas Blouberg Beach. Während englischsprachige Kapstädter den Stränden von Camps Bay den Vorzug geben, sind Blouberg Beachs sichelförmige Buchten Big Bay und Little Bay an den Wochenenden vor allem von Buren gut besucht. An den Surfspots der Big Bay finden regelmäßig internationale Wettkämpfe der Wind- und Kitesurfer statt, da der Wind hier beständig und zuverlässig weht. Zahlreiche Surfschulen am Strand helfen auch Anfängern auf das Brett. Die heute weitgehend moderne Ansiedlung entstand zu Beginn des 19. Jahrhunderts; ihr Name erinnert an eine der ersten unter Europäern ausgetragenen Schlachten auf südafrikanischem Boden am 8. Januar 1806. Die Battle of Blaauwberg leitete die britische Eroberung der niederländischen Kolonie ein.

»Blouberg« wird der Strand genannt, weil der imposante Tafelberg auf der gegenüberliegenden Seite hier oft in bläulich schimmerndem Licht erscheint. Kite- und Windsurfer kommen wegen der guten Bedingungen aus aller Welt hierher.

DIE KAP-HALBINSEL

BLOUBERG BEACH

Einmalig schön ist die Aussicht vom Strand von Blouberg auf den Tafelberg. Ein schicker Ortsteil des Küstenorts heißt hier sogar »Table View«.

ROBBEN ISLAND

Die sechs Quadratkilometer große Felseninsel vor Kapstadt diente ab Beginn der Kolonisierung als Gefängnisinsel – portugiesische Sträflinge hielt man hier ebenso unter Verschluss wie schwarze Sklaven und schließlich die politischen Gefangenen der Apartheidzeit. »Rest In Peace« übersetzten die Gefangenen die Abkürzung RIP für Robben Island Prison. Nelson Mandela, Häftling Nr. 466/64, wurde 1964 zu lebenslanger Freiheitsstrafe verurteilt. Bis April 1982 war er auf Robben Island, danach im Hochsicherheitsgefängnis Pollsmoor bei Kapstadt und schließlich ab Dezember 1988 im Victor-Verster-Gefängnis bei Paarl inhaftiert, ehe er am 11. Februar 1990 endlich aus der Haft entlassen wurde. Heute erkunden Besucher das Museum wie den Gefängnistrakt und erhalten während einer Rundfahrt auch Erläuterungen über die Tierwelt der Insel, die seit 1999 zum UNESCO-Welterbe zählt.

Jedes Mal, wenn Nelson Mandela nach seiner Freilassung erneut das Gefängnis auf Robben Island besuchte, war es ein Moment der Reflexion und des Triumphs. Er kehrte mehrmals in die winzige Zelle zurück, in der er 18 Jahre lang als politischer Gefangener inhaftiert war.

NELSON MANDELA: FREE AT LAST!

»Als ich aus der Zelle in Richtung Freiheit ging, wusste ich, dass ich meinen Hass zurücklassen musste, oder ich würde mein Leben lang gefangen bleiben.«

Nach seiner Freilassung aus dem Gefängnis am 11. Februar 1990 wurde Nelson Mandela im April 1994 zum ersten demokratisch gewählten schwarzen Präsidenten der Republik Südafrika und zeigte dem Land einen Weg zu Frieden, Versöhnung und dem Ende der Apartheid (kleines Bild). Als Mandela 2013 starb, hinterließen hunderte Trauernde an einer Wand seines alten Wohnhauses ihre Beileidsbekundungen (großes Bild).

Nelson Mandela zählte zu den charismatischsten Persönlichkeiten unserer Zeit. Er war Symbol des Widerstands gegen rassistische Unterdrückung und des friedlichen Miteinanders der Völker und Kulturen. Im Jahr 1993 erhielt er den Friedensnobelpreis zusammen mit Willem de Klerk, dem weißen Präsidenten Südafrikas, der die Zeichen der Zeit erkannt und die Freilassung Mandelas verfügt hatte – nach annähernd drei Jahrzehnten Haftstrafe. Im Jahr 1918 im damaligen Homeland Transkei geboren, trat Nelson Mandela 1942 dem ANC (African National Congress) bei, dessen Freiheitscharta mit den Worten begann: »Südafrika gehört allen, die dort leben, Schwarzen und Weißen.« Doch das weiße Regime verteidigte seine Vorherrschaft mit allen Mitteln. Im Jahr 1960 ging Mandela, nun Führer des ANC, in den Untergrund und wurde zum meistgesuchten Mann Südafrikas. 1962 verhaftete man ihn, zwei Jahre später wurde er wegen Hochverrats zu lebenslanger Haft verurteilt. Auch in den Jahren im Gefängnis schwieg Mandela nicht – er wurde zum Wortführer der unterdrückten Mehrheit in Südafrika und zum berühmtesten politischen Gefangenen der Welt. Doch erst 1990 fruchteten die internationalen Forderungen nach seiner Freilassung. 1994 wurde er zum ersten schwarzen Präsidenten Südafrikas gewählt. Mandela verstarb 2013.

STELLENBOSCH

Stellenbosch ist nach Kapstadt die älteste europäische Siedlung Südafrikas. Mächtige Eichen, die Stadtgründer Simon van der Stel im 17. Jahrhundert pflanzen ließ, spenden Häusern in kapholländischem und viktorianischem Stil Schatten. Am ehemaligen Paradeplatz Braak blieb mit dem Burgerhuis ein besonders schmuckes Beispiel niederländischer Bauweise in Südafrika erhalten. Auf die zweite Hälfte des 19. Jahrhunderts geht die wissenschaftliche Tradition Stellenboschs zurück: Aus einem Gymnasium entwickelte sich im Jahr 1887 das Queen-Victoria-College und 1918 die erste Universität Südafrikas. Da die Stadt auch Mittelpunkt eines bedeutenden Weinbaugebiets ist, besitzt die akademische Stätte ein önologisches Institut. In der Umgebung liegen viele private Weingüter, die Keller von Winzergenossenschaften und ein paar der bemerkenswertesten Gutshäuser des Landes.

Stellenbosch verfügt über rund 17 Prozent der südafrikanischen Rebfläche. Auf den Weingütern der Region können Besucher die angebauten Weine verkosten und zum Teil auch übernachten. Der Ort selbst wirkt mit seinen schönen historischen Bauten wie ein Museum, aber auch lebhaft und vital.

CAPE WINELANDS

Trockene Böden und heiße Sommer sind das Erfolgsrezept, das südafrikanischen Weinen regelmäßig Spitzenplätze in internationalen Rankings beschert. Bereits 1632 erntete Jan van Riebeeck am Kap die ersten Trauben. Gouverneur Simon van der Stel gründete 1679 Stellenbosch und legte ein paar Jahre später den Grundstein für eines der bekanntesten Weingüter, Constantia. Dessen im kapholländischen Stil erbautem Gutshaus folgten viele weitere Kellereien, die allerdings bis 1994 fest in weißer Hand waren. Erst als nach dem Ende der Apartheid die internationalen Handelsbeschränkungen aufgehoben wurden und u. a. auch Wein exportiert werden durfte, begann der Siegeszug der feinen Tropfen vom Kap. Mittlerweile haben sich auch einige schwarzafrikanische Winzer wie Thandi bei Stellenbosch mit Spitzenweinen einen internationalen Namen gemacht.

Heute produziert Südafrika jährlich rund 1157 Millionen Liter Wein, mehr als 517 Millionen Liter werden davon exportiert. Nach dem Siegeszug südafrikanischer Tropfen auf dem internationalen Weinmarkt reicht die Anbaufläche im »Weindreieck« zwischen Stellenbosch, Franschhoek und Paarl nicht mehr aus. Nun überziehen die akkuraten Reihen der Weinreben selbst Teile der Großen Karoo.

FRANSCHHOEK UND PAARL

Die beiden historischen Städtchen im Weinland am Kap nahmen eine ähnliche Entwicklung: Im 17. Jahrhundert von Holländern gegründet, boten sie kurze Zeit später Hugenotten Zuflucht, die ihre Heimat Frankreich aus religiösen Gründen verlassen mussten. Die Zuwanderer erkannten, wie gut die von hohen Bergen geschützte und vom küstennah verlaufenden Benguelastrom beeinflusste Region für den Weinbau geeignet war, und legten die ersten Rebenpflanzungen an. Im Namen Franschhoek, »Französisches Eck«, ist die Erinnerung an die Einwanderer noch lebendig. Ein Denkmal in der Ortsmitte erinnert an die Religionsgemeinschaft. Zugleich ist die Region auch stark mit dem Afrikaans, der Sprache der holländischstämmigen Buren, verbunden. In Paarl, wo das Afrikaans erstmals schriftlich gefasst wurde, dokumentiert ein Museum die Entstehung und Verbreitung der Sprache.

Die Weine der Winzergenossenschaft Kooperatiewe Wijnbouwers Vereniging van Zuid-Afrika gehören zu den besten Südafrikas und werden vor allem in den Kellereien in der Umgebung von Paarl erzeugt.

EDLE TROPFEN ENGAGIERTER WINZER

Der Weinbau in Südafrika kann auf eine über 300 Jahre alte Tradition blicken. Jan van Riebeeck, der erste Verwalter der niederländischen Kapprovinz, bestellte sich für seine Handelsniederlassung auch ein paar Weinreben. Im Jahr 1654 konnte er die erste Ernte einbringen und den gekelterten Muscadet verkosten. Durchgesetzt haben sich die Tropfen vom Kap erst zu Beginn der 1990er-Jahre, als mit der Apartheid das Handelsembargo fiel. Nun fingen hiesige Winzer (zum Teil in Kooperation mit europäischen Häusern) an, Spitzenweine zu produzieren. Die idyllische Weinbauregion nordöstlich von Kapstadt wurde ein beliebtes Reiseziel. In Paarl residiert die Ko-operatiewe Wijnbouwers Vereniging van Zuid-Afrika als eine Winzergenossenschaft, deren Label KWV die Flaschen vieler Spitzenweine ziert. Groot Constantia ist Südafrikas ältestes Weingut (17. Jh.).

Vor dem herrlichen Berghintergrund der Drakensteinberge liegt das luxuriöse Delaire Graff Weingut mit Lodges, Spa und Restaurants.

STELLENBOSCH WINE ROUTES

Wären die ersten Siedler um Stellenbosch beim ursprünglich gepflanzten Weizen geblieben – Südafrika hätte eine große Attraktion weniger, und die Welt müsste auf hervorragende Weine verzichten. Doch Gouverneur Simon van der Stel schätzte einen guten Tropfen und ermunterte daher die Bauern, Reben zu ziehen. Heute verfügt Stellenbosch über rund 17 Prozent der südafrikanischen Weinbaufläche; das Anbaugebiet wird besonders für seine Cabernet-Sauvignon-, Merlot-, Pinotage- und Shiraz-Weine geschätzt. Die Stellenbosch Wine Routes setzen sich aus fünf unterschiedlichen Routen – Greater Simonsberg, Stellenbosch Berg, Helderberg, Stellenbosch Hills und Bottlerary Hills – zusammen und führen zu rund 150 idyllisch in den Weinbergen gelegenen Gütern und fünf Winzergenossenschaften, darunter Morgenhof, Neethlingshof und Overgaauw.

Die Babylonstoren Wine Estates bieten nicht nur hervorragenden Wein, sondern auch ein Restaurant, ein Farm Hotel und einen Hofladen. Hier kann man im sogenannten Duftraum selbst hergestellte Bade- und Kosmetikprodukte und ätherische Öle schnuppern und kaufen.

SWARTLAND

Schon die ersten Europäer berichteten 1652 bei ihrer Erkundung des Landesinneren, das Land dort sei schwarz. Die Farbe verdankt die deshalb Swartland benannte Region der dunklen, fruchtbaren Erde, auf der die Siedler zunächst Weizen pflanzten. Erst seit Ende der Apartheid wird im Swartland auch im großen Stil Wein angebaut. Heute gedeihen hier einige der besten Tropfen Südafrikas, denen die kühleren klimatischen Bedingungen besonders zusagen. Unter den Swartland-Winzern sind viele »junge Wilde«, die experimentierfreudig aufregende Tropfen produzieren, so etwa das Familienunternehmen Mullineux. Aber auch Traditionsbetriebe wie Allesverloren sind ansässig. Die Familienlegende erzählt, dass der erste Besitzer dieses Guts 1806 eine böse Überraschung erlebte, als er von einer Reise nach Kapstadt heimkehrte: Hof und Kellerei waren abgebrannt.

Dank der namensgebenden schwarzen Erde zeigt sich die Region Swartland fruchtbar mit Weinreben und Kornfeldern, so weit das Auge reicht.

WEST COAST

Karg, steinig und abweisend präsentiert sich die West Coast auf den ersten Blick. Der Atlantik und der an der Küste nordwärts verlaufende Benguelastrom schaffen klimatische Voraussetzungen, unter denen Flora und Fauna besondere Anpassungsmechanismen entwickeln müssen, um überleben zu können. Es ist kühl und trocken; Feuchtigkeit bringt meist nur der vom Meer landeinwärts treibende Nebel, den Pflanzen und Tiere mit unterschiedlichen Techniken als Wasserspender nutzen. Unter solchen Umständen erstaunt die Artenvielfalt, vor allem, wenn sich die Landschaft zwischen August und Oktober mit blühenden Wildblumen überzieht. Auch der Vogelreichtum ist beeindruckend. Robben haben mehrere Kolonien eingerichtet, und Brillenpinguine schätzen die rauen Klimabedingungen. Zwischen Juni und Dezember ziehen Wale die Westküste entlang.

Die Küstenlinie von Kapstadt nach Nordwesten ist als trockener, oft nur durch Nebelfeuchtigkeit gespeister Landstrich bekannt. Dennoch haben sich hier viele Tierarten angesiedelt, darunter auch der Südafrikanische Seebär und Rosaflamingos.

WEST COAST NATIONAL PARK

Der 27 500 Hektar große West Coast National Park wurde 1985 eingerichtet, um die hier besonders artenreich vertretene Vogelwelt zu schützen. Sein Kerngebiet ist die von Marschland und Salzpfannen umgebene Langebaan-Lagune. Das etwa 6000 Hektar große Feuchtgebiet wurde zum beliebten Rastplatz für heimische Wat- wie paläarktische Zugvögel. Solche finden sich im September nach ihrer Reise gen Süden im Nationalpark ein; dann bevölkern bis zu 37 000 gefiederte Gäste die ganze Lagune. Im März sammeln sich große Schwärme für den Heimflug nach Norden. Der Nationalpark liegt im Winterregengebiet; die Niederschläge in der kalten Jahreszeit sind gering. Die Pflanzenwelt bezieht die von ihr benötigte Feuchtigkeit aus den Morgennebeln. An die harten Umweltbedingungen ist die ortstypische Fynbos-Vegetation des Strandveld hervorragend angepasst.

Die Westküste ist Heimat einer artenreichen Pflanzengesellschaft, die »Fynbos« genannt wird. Über 482 unterschiedliche Spezies sind nachgewiesen, darunter viele, die nur hier vorkommen. Ebenso spektakulär ist der Vogelreichtum: die Gackeltrappe ist hier ebenso anzutreffen wie Kuhreiher.

LAMBERTS BAY

Der Fischerort an der Westküste hat einen überregionalen Ruf als Zentrum des Langustenfangs. Viele der delikaten Krebstiere landen gleich nach dem Fang in den Küchen der zahlreichen die Bucht säumenden Restaurants. Fast ebenso berühmt ist die Qualität der Kartoffeln, die in den sandigen Böden des Sandveld vorzüglich gedeihen. Wie die meisten anderen Siedlungen an der West Coast ist auch Lamberts Bay trotz seiner einladenden Strände kein Ziel für den Badeurlaub. Der Atlantik erreicht selten Temperaturen über 16 °C. Vogelbeobachter hingegen kommen voll auf ihre Kosten, denn auf der vorgelagerten Insel Bird Island lebt eine Kolonie von über 25 000 Kaptölpeln. Neben den blauäugigen Tölpeln segeln Kormorane und Möwen durch die Luft. Auch Brillenpinguine leben am Strand. Früher wurde auf Bird Island Guano abgebaut; heute steht die Insel unter Naturschutz.

Kaptölpel, so weit das Auge reicht: Laut geht es auf Bird Island zu, einer kleinen Insel vor der Küste von Lamberts Bay, auf der sich eine große Kolonie der Vögel angesiedelt hat. Kaptölpel sind pfeilschnelle Jäger, die sich auf der Suche nach Fischen Kamikazefliegern gleich in die Fluten des Atlantiks stürzen.

CEDERBERG MOUNTAINS

Bis zu einer Höhe von 2000 Metern erheben sich die zerklüfteten Zederberge. Die Gebirgsinsel voller dicht bewaldeter Schluchten sowie bizarr erodierter Felsbrücken und Steinpfeiler inmitten der Ebenen des Sandvelds diente den nomadischen Jagdgruppen der San – von den holländischen Siedlern abschätzig Buschmänner genannt – als Jagdgebiet. An den Felswänden der Höhlen, in denen sie Unterschlupf fanden, haben die San zahllose Felsbilder hinterlassen. In dem als Nationalpark geschützten Gebiet leben verschiedene Antilopenarten wie Buntbock und Oryx sowie Bergzebras. Leoparden und Karakals gehen in den steinigen Höhen auf Jagd, und natürlich schätzen auch mehrere, teils giftige Schlangenarten die harsche Umgebung. Die namensgebende und hier endemisch vorkommende Clanwilliam-Zeder hat nur noch in wenigen, isoliert wachsenden Exemplaren überlebt.

Die namensgebenden Clanwilliam-Zedern sind in den Zederbergen fast vollständig abgeholzt worden, dafür blühen zahlreiche Blumen wie die zarte Kaffir-Lilie und die Natur hat dramatische Steinskulpturen geschaffen. Das Schutzgebiet zählt zum UNESCO-Weltnaturerbe.

CEDERBERG MOUNTAINS

»Lots Frau« heißt diese bizarre Steinformation in den Zederbergen, obwohl Sodom und Gomorrha doch sehr weit weg sind.

DIE KAP-HALBINSEL

FELSBILDER DER SAN IN DEN ZEDERBERGEN

Die ältesten Felsbilder Südafrikas werden auf die Zeit vor 28 000 Jahren datiert. Die über 2500 Malereien unter Überhängen oder in Höhlen der Zederberge sind nach Schätzungen der Archäologen vor 200 bis 8000 Jahren entstanden. Die genaue Datierung ist schwierig, denn um die Farben mittels der Radiokarbonmethode untersuchen zu können, müsste man die Bilder beschädigen. Die meisten Malereien zeigen Jagdwild wie Elenantilopen, Elefanten, Giraffen, aber auch Raubtiere und Schlangen. Menschen sind in Reihen hintereinanderstehend oder -gehend bei der Jagd oder beim Sammeln von Wurzeln und Pflanzen dargestellt. Viele Motive sind rätselhaft, so die sonderbaren Mischwesen zwischen Mensch und Tier. Die Bilder sollten wahrscheinlich mehrere Zwecke erfüllen – zum einen könnten sie dazu gedient haben, bestimmte Fertigkeiten zu dokumentieren; zum anderen besaßen sie sicherlich eine magische Dimension, indem sie Jagdglück oder Regen heraufbeschwören sollten. Lange war es umstritten, wer diese Bilder anfertigte. Die San, die früher als Jäger und Sammler im südlichen Afrika lebten, behaupteten, sie stammten von den Göttern. Inzwischen gilt aber als gesichert, dass die Vorfahren der San die Schöpfer dieser faszinierenden Felsmalerei-Galerien waren.

Der Sevilla Rock Art Trail ist einer von zwei öffentlich zugänglichen Wanderwegen, die zu den Felsmalereien in den Höhlen und Überhängen der Zederberge führen. An den verschiedenen Stationen kann man u. a. Zeichnungen von Bogenschützen, Zebras und Elefanten entdecken. Die uralten Zeugnisse lehren den Menschen von heute viel über ein nachhaltiges Leben im Einklang mit der Natur.

BAKKRANS NATURE RESERVE

Mit der Einrichtung des Bakkrans Nature Reserve gingen mehrere private Landbesitzer im Gebiet der Zederberge einen mutigen Schritt hin zum Schutz bedrohter Tier- und Pflanzenarten. Die Farmer gaben 1997 die Nutztierhaltung auf, die das empfindliche ökologische Gleichgewicht der ariden Region stark geschädigt hatte, schlossen sich zusammen und rissen die trennenden Zäune zwischen ihren Besitzungen ab, um dem Wild so großräumigere Wanderungen zu ermöglichen. Wichtigstes Anliegen war und ist die Rettung der bedrohten Bergzebras, von denen nur noch 37 Exemplare auf dem Gebiet des Nature Reserve lebten. Ein Teil des Naturschutzgebietes ist heute exklusivem, dabei aber nachhaltigem Tourismus vorbehalten, in anderen Regionen wird die Hegegemeinschaft umsichtig mit neuem Wild bestückt, das den früheren Artenreichtum wiederherstellen soll.

Gebänderte Gürtelschweife kommen ausschließlich im südlichen Afrika vor. Die kleinen Echsen sind scheu und verstecken sich oft zwischen Felsen und unter Überhängen.

BETTY'S BAY

Betty's Bay zählt zu den unbekannteren Sommerfrischen an der Westküste. Der Ort lockt mit einer entspannten Atmosphäre und einer großen Attraktion: der Pinguinkolonie am Stoney Point. Hervorgegangen ist Betty's Bay aus einer Walfangstation; ab 1930 entwickelte sich ein Ferienort, den ein gewisser Harold Porter gründete und nach der Tochter seines Chefs benannte. Porter selbst wiederum war Namensgeber des sehenswerten botanischen Gartens, der sich von den Flanken des 917 Meter hohen Platbergs bis zum Ort erstreckt und eine Auswahl der charakteristischen Fynbos-Flora präsentiert. Betty's Bay ist zudem Teil des Kogelberg Nature Reserve. Die Bewohner von Betty's Bay achten darauf, dass Besucher die Umwelt durch ihr Verhalten nicht schädigen.

Brillenpinguine tummeln sich am Stoney Point vor Betty's Bay ebenso wie die wieselflinken Klippschliefer. Bis Ende November lassen sich oft Wale vor der Küste blicken.

KOGELBERG BIOSPHERE RESERVE

Das Naturschutzgebiet ist das erste UNESCO-Biosphärenreservat Südafrikas und umfasst rund 100 000 Hektar zwischen dem bis zu 1890 Meter hohen Gebirgszug des Kogelberg und der Küste. Geschützt ist außerdem das unterseeische Gebiet vor der Küste, in dem u. a. Kelpwälder gedeihen. Die Region gilt als Hotspot der Artenvielfalt – so verzeichneten Botaniker über 77 endemische Arten. Sie sind Teil der natürlichen Kapflora, die mit über 9000 Pflanzenarten auf einer Fläche von 74 000 Quadratkilometern einen ähnlich großen Reichtum aufweist wie der brasilianische Amazonasurwald. Gemäß der Intention von Biosphärenreservaten wird der Mensch nicht ausgesperrt – Landwirte und Fischer dürfen im Schutzgebiet ihren Lebensunterhalt verdienen. Allerdings genießt Nachhaltigkeit oberste Priorität.

Die größte Bergfynbos-Vegetation der Welt findet man am Kogelberg. Eingeschleppte Pflanzen wurden konsequent entfernt.

DIE KAP-HALBINSEL

KOGELBERG BIOSPHERE RESERVE

Die zerklüfteten Felsen der Kogelberg Mountains stoßen direkt an die tosenden Fluten des Atlantischen Ozeans.

DIE KAP-HALBINSEL

HERMANUS

Der Mitte des 19. Jahrhunderts gegründete Ort östlich von Kapstadt ist ein Mekka für Walbeobachtungen. Zwischen Juli und Dezember suchen große Schulen Südlicher Glattwale die Walker Bay auf, bis zu 150 Tiere versammeln sich an manchen Tagen in der Bucht. Der Ort Hermanus selbst lebte lange Zeit vom Walfang, doch auch der Tourismus setzte schon sehr früh ein; bereits 1891 eröffnete das erste Hotel. Heute sind Ferienhaussiedlungen und Pensionen zu einer einzigen, lang gezogenen Agglomeration zusammengewachsen, in der der historische Ortskern am Alten Hafen kaum noch auszumachen ist. Der zwölf Kilometer lange Cliff Path folgt der Küstenlinie durch Fynbos-Vegetation vom Neuen Hafen bis zum Grotto Beach und eröffnet immer neue Ausblicke auf den Atlantik. Von ihm aus lassen sich auch die mächtigen Wale sehr gut beobachten.

Fernkloof Nature Reserve

Von der Küste bis zu den Bergen erstreckt sich das 1957 unter Naturschutz gestellte, 18 Quadratkilometer große Gebiet in den Kleinrivier Mountains oberhalb von Hermanus. Aktive können hier auf ca. 60 Kilometer Rad- und Wanderwegen u. a. drei Staudämme, plätschernde kleine Wasserfälle, den 824 Meter hohen Aasvoelkop und den malerische Aussichtspunkt Lemoenskop erkunden. Unterwegs genießt man fantastische Ausblicke auf die Walker Bay, das Weinbaugebiet Hemel-een-Aarde Valley und die Lagune Maanskyn Baai. Highlight ist jedoch die blühende Fynbos-Landschaft. Sie umfasst sechs der sieben endemischen Pflanzenfamilien, die typisch für die Kapflora sind, und bezaubert mit Gewächsen in allen erdenklichen Farben, Formen und Größen. Über 1300 Pflanzenarten sind hier zu finden. Hinzu kommen zahlreiche Tierarten, die die verschiedenen Lebensräume bewohnen. Hierzu zählen Rehantilopen, Kap-Greisböcke, Klippspringer, Paviane, Mangusten und Klippschliefer sowie Vogelarten wie Kaphonigvogel, Nektarvogel, Felsenspringer und Felsenbussard. Über die heimische Flora informieren eine Ausstellung im Besucherzentrum sowie die farbenfrohen Fernkloof Gardens, ein liebevoll angelegter botanischer Garten (mitsamt Duft- und Kräutergarten) am Eingang des Naturschutzgebiets.

Im Sommer ist Hermanus dank seiner weiten, flach abfallenden Sandstrände ein beliebter Badeort. Vor allem der fast unglaubliche 18 Kilometer lange Grotto Beach bietet ausreichend Platz. An der Felsenküste in der Nähe krachen die Wellen dagegen heftig an den Strand, Baden ist hier gefährlich.

WHALE WATCHING

Südafrika gilt als eine der besten Destinationen für die Beobachtung von Walen. Vor allem Südliche Glatt- und Buckelwale schwimmen zwischen Juli und Dezember aus ihrem Lebensraum in antarktischen Gewässern an die südafrikanische Küste, um sich zu paaren und zu kalben. Außerdem lassen sich weitere Walarten wie Zwergglattwale und Zahnwale, manchmal sogar Orcas blicken. Die besten Beobachtungsorte liegen entlang der Südspitze Afrikas zwischen der Dooring Bay bei Kapstadt über die Plettenberg Bay an der Garden Route bis hinauf nach St. Lucia. Die Tiere kommen dabei an manchen Stellen, wie beispielsweise bei Hermanus, der Küste so nahe, dass man sie ganz bequem auch vom Festland aus beobachten kann und keine – durchaus schon mal turbulenten – Schiffstouren unternehmen muss. Der Anblick der mit ihren Kälbern spielenden, bis zu 18 Meter langen Kühe und der

miteinander rivalisierenden und kämpfenden Bullen ist ungemein eindrucksvoll. Nachts erfüllen die Rufe und Gesänge der mächtigen Säugetiere die Bucht. Damit niemand eine Walsichtung verpasst, bezahlt Hermanus seit Anfang der 1990er-Jahre einen Whale Crier, der mit seinem speziellen, aus Kelp und Tang geformten Horn mittels eines eigenen Signalcodes die Position der Wale angibt.

Buckelwale beim sogenannten Breaching zu beobachten, wenn sie aus dem Wasser springen und sich krachend wieder fallen lassen, ist ein einmaliges Erlebnis. Ein weiteres Zentrum des Whale Watching neben Hermanus ist Plettenberg Bay, wo man mit Seekajaks an die Tiere heranpaddeln kann.

CAPE AGULHAS

»Kap der Nadeln« nannten die Portugiesen den südlichsten Punkt Afrikas, vermutlich wegen der spitzen Felsen, die das Kap säumen und der sturmumtosten Küste ein martialisches Aussehen verleihen. Das Klima und die Landschaft sind so unwirtlich, dass man fast meint, die Antarktis als Silhouette am Horizont zu erkennen. Mehrere Fischerorte teilen sich den Küstenabschnitt und die einsamen weißen Strände um das Kap. Hotagterklip ist beinahe so etwas wie ein Künstlerdörfchen mit seinen restaurierten und unter Denkmalschutz gestellten reetgedeckten Steinhäuschen. Die Kapmalaiensiedlung Arniston – oder »Waenhuiskrans«, wie der lokale Name lautet – hat eine besondere Naturattraktion: eine riesige, vom Meer aus dem Fels gewaschene Höhle, die nur bei Ebbe zugänglich ist. Neben Wasservögeln, darunter auch Pelikane, kann man hier Wale beobachten.

Am Cape Agulhas, Afrikas südlichstem Punkt, treffen Atlantik und Indischer Ozean aufeinander. Zu sehen gibt es hier den 27 Meter hohen, 1848 errichteten Leuchtturm und das Vorderteil des Schiffswracks der japanischen Meisho Maru Nr. 38, die hier 1928 zerschellte.

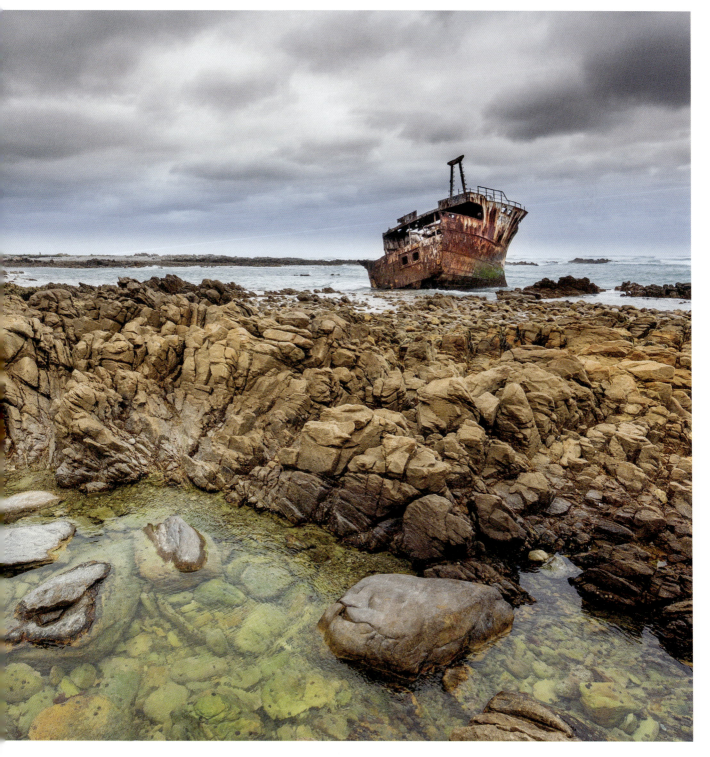

DE HOOP NATURE RESERVE

Weiße Sanddünen und dunkler Fels prägen die Küstenlinie des De Hoop Nature Reserve, das ab Mitte der 1950er-Jahre durch den Ankauf von Farmland geschaffen und auf seine heutige Größe von 34 000 Hektar erweitert wurde. Da das Reservat einen Teil des von der UNESCO geschützten Cape Floral Kingdom mit seiner Fynbos-Vegetation umfasst, zählt es zum Weltnaturerbe. Auch maritime Gebiete vor der rund 70 Kilometer langen Küstenlinie, in denen sich regelmäßig Delfine aufhalten, gehören zum Naturschutzgebiet. De Hoop gilt als ausgezeichneter Platz für die Walbeobachtung, da jedes Jahr über 100 Südliche Glattwale an diesen Teil der südafrikanischen Küste kommen, um zu kalben. Mit zahlreichen Antilopenarten wie dem scheuen Eland, Buntböcken und Kuhantilopen besitzt De Hoop auch eine interessante Population an Landsäugetieren.

Das De Hoop Naturreservat ist bekannt für seine spektakulären Dünenlandschaften und seine beeindruckende Vielfalt an Flora und Fauna. Neben Säugetieren zeigt sich ebenso die Reptilienwelt im Naturreservat artenreich, vor allem die Schlangen, wie diese junge Kapkobra.

BONTEBOK NATIONAL PARK

Südafrikas kleinster Nationalpark wurde 1931 in der Nähe von Swellendam eingerichtet, um die vom Aussterben bedrohten Buntböcke (*Damaliscus pygargus*) zu schützen und ihre Population zu stabilisieren. Gestartet wurde das 3500 Hektar große Reservat mit einem Bestand von 30 Tieren; heute durchstreifen rund 200 der auffällig mit weißer Blesse gezeichneten Antilopen das Areal. Bekannt ist der Park auch für seinen außerordentlichen Vogelreichtum. Von den zahlreichen Beobachtungsplätzen aus ist es ein Leichtes, Seeadler, Paradieskraniche, Sekretäre, Würgeschnäpper und Haubenzwergfischer zu sehen. Die Lebensader des Parks ist der entlang seiner Südgrenze mäandernde Breede River, an dessen Ufer mehrere Aussichtspunkte liegen. Da auch dieser Nationalpark im Bereich des Cape Floral Kingdom liegt, begeistert er im Frühjahr mit einem spektakulären Blütenkleid.

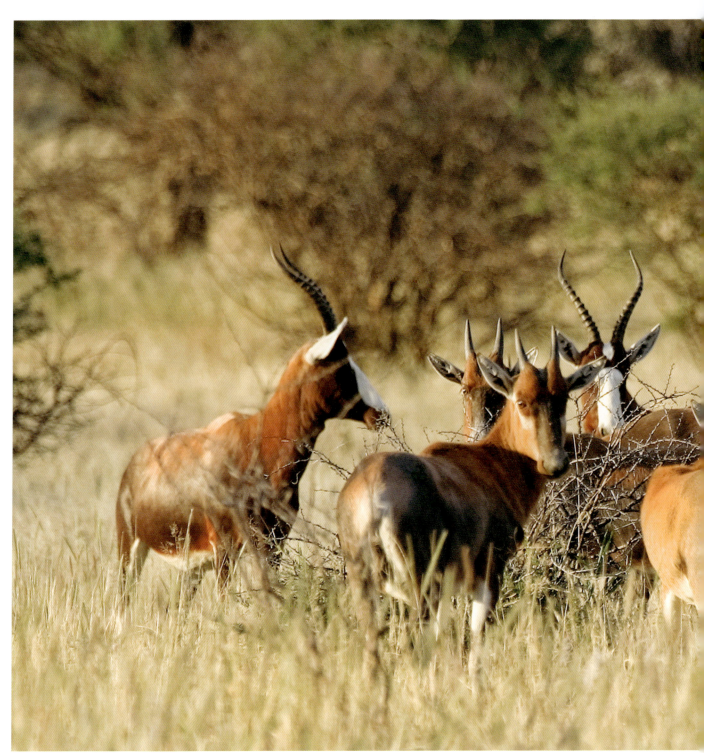

Buntböcke trifft man immer in Rudeln an, nur so können sie sich effizient gegen räuberische Jäger schützen. In starken Trockenzeiten schließen sie sich sogar zu Verbänden von mehreren Hundert Tieren zusammen.

MOSSEL BAY

Nach der meist stürmischen Umseglung des Kaps der Guten Hoffnung war die »Muschelbucht« früher Seefahrern ein willkommener Hafen. Viele, angefangen bei Bartolomeu Diaz, der die Bucht 1488 entdeckte, bis hin zu Vasco da Gama, ankerten hier. Mossel Bay markiert den östlichen Punkt der Garden Route und ist ein beliebtes Ferienstädtchen. Vor allem das Museum zur Geschichte des Ortes, in dem ein Nachbau der Diaz-Karavelle zu sehen ist, zieht viele Besucher an. Der mächtige Milkwoodbaum im Garten dahinter diente den Schiffsbesatzungen als Briefkasten. Wer von West nach Ost segelte, hinterließ am Baum seine Post; Besatzungen in Gegenrichtung nahmen sie mit. Seit 1864 weist der St.-Blaize-Leuchtturm auf dem Felskap »The Point« Schiffen den Weg. Von ihm aus lassen sich Wale und Delfine vor der Küste beobachten.

Der St.-Blaize-Leuchtturm in exponierter Lage über den Wellen des Indischen Ozeans.

OUTENIQUA CHOO-TJOE

Vier Jahre, von 1924 bis 1928, dauerte der Bau der 68 Kilometer langen Schmalspurtrasse von George nach Knysna. Sie verläuft teils in atemberaubender Höhe entlang der Küste und parallel zur Garden Route. Auf der kurzen Strecke überquert sie sieben Schluchten. Für Reisende bedeutete die Eröffnung der Bahnlinie eine ungemeine Erleichterung, war doch die Straße zwischen beiden Orten häufig nicht passierbar. Ab 1992 beförderte der Outeniqua Choo-Tjoe, so benannt nach dem Schnaufen seiner Dampflokomotive, allerdings nur noch Touristen. Die Fahrt des Museumszugs bot fantastische Ausblicke auf die Küste. 2006 kam das vorläufige Aus für die Attraktion. Ein Erdrutsch unterbrach die Strecke, die seither nicht wiederhergestellt werden konnte.

Unterwegs mit dem Dampfzug Outeniqua Choo-Tjoe: Auf der Kaaimans River Bridge tuckerte man bis 2006 nostalgisch an der Garden Route entlang.

GARDEN ROUTE

Südafrikas berühmteste und landschaftlich reizvollste Straße, die Garden Route, verläuft rund 200 Kilometer zwischen Mossel Bay und Storms River entlang der buchtenreichen Küste des Indischen Ozeans. Zu den landschaftlichen Sehenswürdigkeiten am Wegesrand gehört die Lagune um Knysna; von der Felsanhöhe des Knysna Head bietet sich ein fantastischer Blick auf sie. Der Knysna Forest im Hinterland ist Südafrikas größtes Waldgebiet und Heimat von bis zu 800 Jahre alten Steineiben sowie von vom Aussterben bedrohten Waldtieren. Plettenberg Bay ist das bekannteste Strandbad an der Garden Route; Ferienhotels und elegante Strandvillen säumen die puderweißen Strände der Bucht. Im Südwinter kommen Wale hierher, um ihre Jungen zu gebären. Im Tsitsikamma National Park steht ein Abschnitt der mit Urwäldern bestandenen Küste unter Naturschutz.

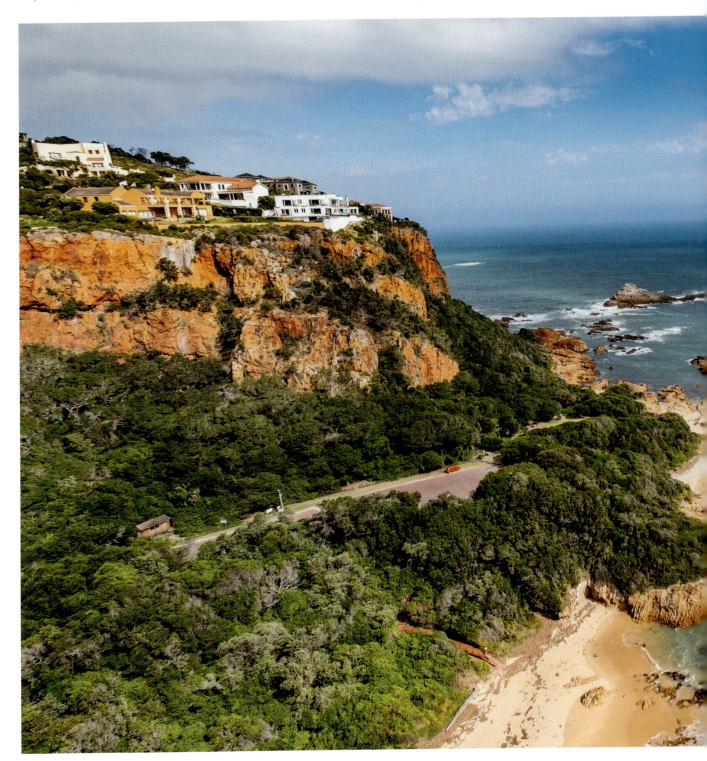

Die Garden Route von Kapstadt bis Gqeberha und retour durch das Landesinnere führt zu landschaftlichen Höhepunkten wie dem Coney Glen Beach. Eingebettet zwischen rötlichen Sandsteinklippen, besticht der Strand durch seine felsige Küstenlandschaft und das kristallklare Wasser.

KNYSNA

Im Rücken die grün bewachsenen Outeniqua-Berge, vor sich eine weit verzweigte Lagune, die zwei markante Felsen, die Knysna Heads, vom Meer abgrenzen: Knysnas Lage ist einzigartig. Umso erstaunlicher, dass der Ort erst relativ spät, zu Beginn des 19. Jahrhunderts, gegründet wurde. Maßgeblich an der Entwicklung Knysnas beteiligt war der geheimnisvolle Geschäftsmann George Rex, der ab 1803 Land aufkaufte und investierte. Hartnäckig halten sich Legenden, er sei ein unehelicher Sohn des englischen Königs Georg III. gewesen. Rex ist der Ausbau des Hafens zu danken, über den die Ostindien-Kompanie Baumstämme, die in den damals noch dichten Küstenwäldern geschlagen wurden, abtransportierte. Mit Eröffnung der Outeniqua-Bahnlinie wurde der Hafen überflüssig und 1954 endgültig geschlossen. Seither setzt man in Knysna auf Austernzucht und Tourismus.

Die Küste von Knysna ist bekannt für ihre spektakulären Landschaften und vielfältige Tierwelt. Geprägt von dramatischen Klippen, goldenen Stränden und den ikonischen Knysna Heads, bietet sie ideale Bedingungen für Wassersportarten, Wanderungen und entspannte Bootsfahrten.

KNYSNA FOREST

Als sich die ersten Siedler um die Bucht von Knysna niederließen, war die Region dicht mit Urwäldern bestanden, die große Elefantenherden durchstreiften. Abholzung und Brände haben schließlich dazu geführt, dass man die ihres ursprünglichen Pflanzenkleides beraubte Küste aufforsten musste. Deshalb besteht der größte Teil des Knysna Forest heute aus Monokulturen, vornehmlich mit Eukalyptus und Pinie. Dort, wo der alte Baumbestand gerettet werden konnte, sind mehrere Hundert Jahre alte, mit Moosen und Lianen bewachsene Yellow- und Stinkwood-Baumriesen und Baumfarne Zeugen der einstigen Pflanzenvielfalt. Im Forst leben auch seltene Vogelarten wie der scheue, saphirblaue Helmturako; durch das Unterholz streifen Antilopen, und es heißt, dass man mit Glück auch einem der scheuen Knysna-Elefanten begegnen kann, die dem Abschuss durch Wilderer entkommen sind.

Im üppigen Dickicht des Knysna Forest haben zwischen den Farnen und Bäumen zahlreiche Tierarten ein Zuhause gefunden. Darunter sind zum Teil endemische Arten wie der Knysna-Turako mit seinem grünen Gefieder sowie die Südliche Grünmeerkatze.

PLETTENBERG BAY

»Bahia formosa« – »schöne Bucht« – nannten die portugiesischen Seefahrer, die im 15. Jahrhundert erstmals das Kap der Guten Hoffnung umrundeten, den heutigen malerischen Ort Plettenberg Bay. Er wurde im 17. Jahrhundert als Verladestation für im Hinterland geschlagenes Holz gegründet. Obwohl sicherlich bereits damals regelmäßig Wale diesen Teil der südafrikanischen Küste aufsuchten, ist eine professionell betriebene Walfangstation hier erst für Anfang des 20. Jahrhunderts dokumentiert. Allerdings war ihr kein großer Erfolg beschieden – ein Segen für die Tierwelt. Heute gilt Plettenberg Bay als einer der besten »Wal-Hotspots« in Südafrika, und tatsächlich sind die Möglichkeiten der Walbeobachtung hier ungewöhnlich gut. Brydewale und die saisonal auftauchenden Südlichen Glattwale und Buckelwale lassen sich bequem vom Strand aus beobachten.

Die Keurbooms River Lagoon in der Plettenberg Bay lockt im Sommer viele Naturliebhaber und Erholungsuchende an die Küste. Umgeben von üppiger Vegetation und ruhigen Gewässern, bietet die Lagune eine ideale Umgebung für Aktivitäten wie Kanufahren, Angeln und Vogelbeobachtung.

AUF DER STRAUSSENFARM

Immer mehr Farmer steigen von den anspruchsvollen Rindern auf die relativ einfach zu haltenden Strauße um. In Südafrika schätzt man die Zahl der Zuchtstrauße auf eine Viertelmillion; Zentrum der Straußenzucht ist das Städtchen Oudtshoorn. Aber nicht nur das Straußenfleisch ist mittlerweile eine begehrte Delikatesse, auch Taschen oder Schuhe aus Straußenleder werden teuer gehandelt; Straußeneier dekoriert man mit kopierten »Buschmannzeichnungen« oder Lochmustern als Lampenschirme; die Federn werden zu eleganten Boas oder einfach zu Staubwedeln verarbeitet. In der afrikanischen Mythologie spielt der Strauß meist die Rolle des etwas überheblichen, ziemlich dummen Tieres. Die »Buschleute« (San) verstehen es, seine Verhaltensweisen geschickt nachzuahmen. So locken sie zum Beispiel Straußenmütter mühelos von ihren Nestern, indem sie vorgeben, ein verirrtes

Junges zu sein. Ist die Henne abgelenkt, werden die Eier geplündert; diese gelten bei den San als Delikatesse und als ein wichtiger Eiweißlieferant. Gefürchtet ist die Schnelligkeit und Kampfstärke des Tieres. Die bis zu drei Meter großen Strauße können im Sprint Geschwindigkeiten von bis zu 70 Stundenkilometern erreichen und mit einem Schlag ihrer mit messerscharfen Krallen bewehrten Füße einen erwachsenen Menschen töten.

Das südliche Afrika eignet sich ideal für die Straußenzucht. Die Farmer müssen relativ vorsichtig im Umgang mit ihnen und einigermaßen robuste Zeitgenossen sein, denn ihre nicht ungefährlichen Vögel scheuen sich keineswegs, den Schnabel und die krallenbewehrten Füße einzusetzen.

LITTLE KAROO

Kuru, trocken, war die Karoo für die Jäger- und Sammlergemeinschaften der San, die sich die Halbwüste mit den Rinder und Schafe züchtenden Nama teilten. Beide Gruppen führten ein Leben als Halbnomaden und blieben in diesem harschen Lebensraum relativ lange unbehelligt von anderen Völkern. Erst zu Beginn des 19. Jahrhunderts zeigten Siedler Interesse an der Region, weil sie sich gut für die Schafzucht eignete. Geografisch unterscheidet man zwischen Großer Karoo, die sich im Westen Südafrikas nach Norden bis Namibia erstreckt, und der Kleinen Karoo nördlich der Outeniqua-Berge. Hier fällt in den Wintermonaten ausreichend Regen für den Anbau von Getreide, Obst und sogar Wein. In der sanft gewellten und von Gebirgszügen eingerahmten Landschaft vermitteln historische Farmhäuser und verschlafene Städtchen das Bild längst vergangener Zeiten.

Eine natürliche Steinbrücke in den Red Stone Hills bei Calitzdorp gibt den Blick über die Kleine Karoo frei (links). Historische Eisenbahnstrecken, die einst entscheidend für den Transport und die wirtschaftliche Entwicklung der Region waren, durchziehen die trockene Halbwüste (unten).

Oudtshoorn

Das 50 000 Einwohner zählende Provinzstädtchen und »urbane« Zentrum der Little Karoo bildete gegen Ende des 19. Jahrhunderts einen Brennpunkt der Modewelt. Findige Farmer hatten damals in der trockenen Tallandschaft im großen Stil mit der Zucht von Straußen begonnen, und die feine Gesellschaft zwischen Wien, Paris und New York empfand eine Boa, ein Cape oder einen Fächer aus den weichen Federn als Nonplusultra an Eleganz. Auf dem Höhepunkt des Booms lieferten eine Dreiviertelmillion Vögel 500 Tonnen Federn pro Jahr. Über Nacht immens reich geworden, errichteten die »Barone«, wie sich die Viehzüchter nunmehr nannten, monumentale Villen aus Stein und Gusseisen, die sogenannten »Federpaläste«. Nach Jahrzehnten des Niedergangs ist das Geschäft mit Straußen in letzter Zeit wieder in Gang gekommen. Neuerdings werden vor allem das rötliche, cholesterinarme Fleisch der Vögel und ihr Leder en masse exportiert. Auch in den heimischen Restaurants stehen Straußensteaks auf fast jeder Speisekarte. Über die Geschichte von Oudtshoorn als Zentrum der Straußenhaltung informiert das im spätviktorianischen Stil erbaute C. P. Nel Museum im Stadtzentrum. In der Umgebung des pittoresken Städtchens locken mehrere Straußenfarmen zu einem Besuch.

LITTLE KAROO

Das Grün täuscht. Tatsächlich ist die Karoo so abweisend, dass sie lange niemand außer den Völkern der Khoi und der San besiedeln wollte.

DIE KAP-HALBINSEL

SWELLENDAM

Wunderbar erhaltene kapholländische und viktorianische Architektur verströmt in Swellendam das Flair vergangener Jahrhunderte. Die Stadt wurde bereits 1745 von der Holländisch-Ostindischen Gesellschaft am Fuß der Langeberg Mountains gegründet. Als Mittelpunkt einer Schafzuchtregion entwickelte sich der Ort bis zur Mitte des 19. Jahrhunderts zu einem Zentrum der Wollverarbeitung. Auf den Flussschiffen des Breede River gelangten die Waren zur Küste. Als klassisches Beispiel für den kapholländischen Baustil gilt die 1747 errichtete Drostdy, der damalige Sitz des Landvogts. Zusammen mit mehreren anderen restaurierten Bauten bildet sie heute einen sehenswerten Museumskomplex. Zum Stadtbild tragen auch die vielen Grünflächen und die Schatten spendenden Bäume, darunter zahlreiche Jakarandas, bei.

Das Drostdy Museum vermittelt nicht nur architektonisch einen Einblick in die Geschichte der Region.

CANGO CAVES

Das Höhlensystem gehört schon lange zu den bedeutendsten touristischen Attraktionen Südafrikas. Es wurde im Jahr 1820 unter Naturschutz gestellt und hatte sogar ab 1891 einen eigens dafür angestellten Fremdenführer. Diesem Johnnie van Wassenaar sind auch zahlreiche Entdeckungen von Nebenhallen und -gängen in diesem Höhlensystem zu verdanken, von dem mittlerweile etwa fünf Kilometer erforscht sind. Werkzeugfunde belegen, dass die Cango Caves seit rund 80 000 Jahren von Menschen genutzt werden. Höhlenmalereien, die in völliger Finsternis angebracht wurden, geben bis heute ebenso Rätsel auf wie der Fund dreier Ginsterkatzenskelette tief unter der Erde und die Entdeckung von im Kalkstein eingeschlossenen Fledermäusen.

Die Cango Caves zählen zu den größten Schauhöhlen der Welt. Ihr aus Stalaktiten und Stalagmiten aufgebautes unterirdisches Reich nutzten bereits Steinzeitmenschen.

SWARTBERG NATURE RESERVE

Den ersten Siedlern in der Grenzregion zwischen Kleiner und Großer Karoo erschien die bis 2325 Meter Höhe emporwachsende und 200 Kilometer lange Gebirgskette schwarz; sie nannten sie Groot Swartberg, Großer Schwarzberg. Aus der Nähe betrachtet erweisen sich die Swartberge allerdings eher als von rötlichem Gestein und dunkler Fynbos-Vegetation geprägt. Wegen des charakteristischen Pflanzenkleides, das der Kapflora zugerechnet wird, zählen die Swartberge zum UNESCO-Weltnaturerbe. Eine in kühnen Serpentinen geführte, aussichtsreiche und nur zum Teil asphaltierte Straße überquert die Berge. Scheitelpunkt der Ende des 19. Jahrhunderts angelegten Transversalen ist der 1568 Meter hoch gelegene Swartberg Pass. Zeugnisse der San, die lange vor den europäischen Siedlern das Gebirge durchstreiften, sind zahlreiche Felsbilder in Höhlen und unter Überhängen.

Farbenprächtig blüht die *Protea* – auch Zuckerbusch, Federbusch, Kaprose oder Silberbaum genannt – in der wilden Naturschönheit des Swartberg-Gebirges, das durch seine rauen Landschaften, beeindruckenden Pässe und atemberaubenden Ausblicke besticht.

GREAT KAROO

Die Faszination einer Halbwüste erschließt sich besonders im Spiel von Licht und Schatten, wenn die aufgehende Sonne am Morgen bizarr verwachsene Sukkulenten in geheimnisvolle Wesen verwandelt oder die von widerstandsfähigem, bräunlichem Gras bestandenen Ebenen mit goldenem Licht überzieht.

Als »Land des Durstes« bezeichneten die khoisprachigen Rinder- und Schafzüchter die Große Karoo. Es gibt nur wenige natürliche Wasserstellen, und Regenfälle sind selten. Trotzdem siedelten sich in der Halbwüste Farmer an. Sie pumpten das Wasser aus tieferen Erdschichten mit Windrädern nach oben und ließen genügsame Schafe und Ziegen weiden. Dass die Karoo gar nicht so unfruchtbar ist, wie es auf den ersten Blick erscheint, wird nach Regenfällen deutlich. Die Pflanzen erwachen aus ihrem Trockenheitsschlaf und überziehen die Wüste mit einem Blütenmeer.

Mächtige Inselberge, skulpturartige Erosionsformen und mit Dornbüschen bestandene Ebenen – all das prägt die Landschaft der Großen Karoo. Wechselnde Licht- und Wetterstimmungen tun ein Übriges, um der endlos scheinenden Landschaft neue Ansichten zu bescheren.

DIE KAP-HALBINSEL

KAROO NATIONAL PARK

Dem Schutz der besonderen Flora der Karoo und der Wiedereinführung früher hier lebender Wildarten hat sich der 1979 gegründete Karoo-Nationalpark bei Beaufort West verschrieben. Die extensive Weidewirtschaft der Schaf- und Ziegenfarmer hatte das empfindliche Gleichgewicht der Großen Karoo so stark geschädigt, dass sie sich in Wüste zu wandeln drohte. Im Nationalpark haben Sukkulenten und die charakteristischen Bossies, die Karoo-Büsche, die Möglichkeit, sich jetzt wieder von der Beweidung zu erholen. Auf rund 80 000 Hektar finden sich verschiedene Vegetationsformen, wie sie für die tiefer gelegenen Ebenen, aber auch für die bis 1911 Meter hohen Nuweveldberge typisch sind. Kuhantilopen, Weißschwanzgnus, Elands, Kudus, Oryxantilopen, Springböcke und Steppen- sowie Bergzebras sind im spärlich bewachsenen Land leicht zu erspähen.

Zähe Tiere wie dieser elegante Klippspringer (eine kleine Antilopenart) oder die mächtigen Strauße fühlen sich in der 500 000 Quadratkilometer großen Halbwüste wohl, deren Name sich passenderweise vom Wort der San für »trocken« ableitet.

CAMDEBOO NATIONAL PARK, VALLEY OF DESOLATION

Auch dieser Nationalpark schützt die empfindliche Karoo-Flora und das Wild, das vor Ankunft der Schaffarmer in großen Herden durch die Halbwüste streifte und nun wiedereingeführt wurde. Das knapp 20 000 Hektar große Schutzgebiet umschließt das Karoo-Städtchen Graaff-Reinet nahezu vollständig und reicht im Norden bis an die Hänge der Sneeuberge. Langfristig soll es mit dem benachbarten Mountain Zebra Park zu einem einzigen, großen Schutzareal zusammengefasst werden. Eine besondere landschaftliche Attraktion stellt das Valley of Desolation dar. In der schroffen Schlucht haben die Kräfte der Erosion Gesteinsschichten abgetragen und deren harte Doleritkerne freigelegt, die das Tal wie ein Wald von 90 bis 120 Meter hohen Säulen säumen. Von verschiedenen Aussichtspunkten über dem Valley reicht der Blick in die schier endlose Weite der Großen Karoo.

Das Valley of Desolation (deutsch: Tal der Trostlosigkeit) trägt heute auch den Spitznamen »Kathedrale der Berge«, denn die Landschaft wirkt alles andere als trostlos. Die bizarren Felsnadeln schmiegen sich hufeisenförmig an den Sundays River, der sie aus dem Stein gewaschen hat.

MOUNTAIN ZEBRA NATIONAL PARK

Das Schutzgebiet für eine Unterart des Bergzebras, des Kap-Bergzebras, wurde 1937 eingerichtet, als in der Region nur noch eine Handvoll dieser seltenen Tiere lebte. Heute ist die Population auf rund 700 Exemplare angewachsen. Kenntlich sind Bergzebras an ihrer Fellzeichnung – die Streifen verlaufen, anders als bei ihren in der Steppe lebenden Verwandten, nur an den Beinen quer zur Streifenrichtung am Rücken. Sie sind außerdem breiter und dunkler als beim Steppenzebra, die hellen Abstände dazwischen sind kleiner und der Bauch ist weiß und streifenfrei. Bergzebras gelten als gute Kletterer und leben bevorzugt in felsigen Regionen. Neben Bergzebras wurden Spitzmaulnashörner, Büffel, Geparde und vor Kurzem auch Löwen im Nationalpark ausgewildert. In der hauptsächlich mit niedrigem Busch und Gras bestandenen Karoolandschaft sind die Tiere gut zu beobachten.

Auf die Streifen kommt es an: Beim Bergzebra sind die dunklen Streifen meist breiter als beim Steppenzebra, daher wirkt es insgesamt dunkler, sein Bauch ist gänzlich weiß, anders als bei seinem nördlicheren Verwandten. Eine Unterart dieser Spezies ist das Kap-Bergzebra (hier im Bild).

OSTKAP

Eine zerklüftete, von Mangrovensümpfen und Urwäldern gesäumte Küste und das ländliche Grasland der ehemaligen Transkei prägen das kaum industrialisierte Ostkap mit den beiden Hafenstädten East London und Gqeberha (vormals Port Elizabeth). Über drei Viertel der Bevölkerung gehören der Volksgruppe der Xhosa an, deren traditionelle Rundhüttendörfer sich harmonisch in die Landschaft fügen. Viehzucht und Landwirtschaft bilden nach wie vor die Haupteinnahmequelle der Bevölkerung. Berühmtester Sohn der Transkei war Südafrikas erster frei gewählter Präsident, Nelson Mandela.

Das Schutzgebiet Dwesa-Cwebe Marine Protected Area, das neben Landfläche mit üppigen Wäldern auch 193 Quadratkilometer Meeresfläche umfasst, soll die Biodiversität der Region bewahren; Kaptölpel auf Sardinenjagd.

GARDEN ROUTE NATIONAL PARK (TSITSIKAMMA NATIONAL PARK)

»Klares Wasser« – »Tsitsikamma« – nannten die Khoikhoi den Küstenabschnitt, der sich von Plettenberg Bay rund 80 Kilometer nach Osten erstreckt. Seit 1964 stehen die unzugängliche Küste und die reiche Unterwasserwelt zwischen den Sandbuchten von Nature's Bay und der Mündung des Storms River unter Schutz – bis 2009 als eigenständiger Nationalpark, nun als Bestandteil des neu gegründeten Garden Route National Park, für den das geschützte Gebiet mit weiteren (Wilderness National Park, Knysna National Lake Area) zusammengelegt wurde. In Küstennähe findet man Fynbos mit vielen farbenprächtigen Proteen; in einigen Tälern steht noch richtiger Urwald mit mächtigen Steineiben. Ein ganz besonderes Erlebnis sind Canopy-Touren – Wanderungen durch die Kronen der Urwaldriesen, die mittels Lianen und Hängebrücken miteinander verbunden wurden.

Der seit 2009 in den Garden Route National Park integrierte Tsitsikamma National Park vereint unterschiedlichste Landschaften: das aride, felsige Küstenland, enge Schluchten und beeindruckende Wasserfälle.

GARDEN ROUTE NATIONAL PARK (TSITSIKAMMA NATIONAL PARK)

Der Nationalpark begeistert mit einer artenreichen Flora und Fauna. Vogelfreunde erfreuen sich an farbenprächtigen Exemplaren wie dem hübschen Kapnektarvogel.

GQEBERHA (EHEMALS PORT ELIZABETH)

Die Stadt an der Ostküste des Kaps ist noch relativ jung: Im Jahr 1820 gründeten britische Auswanderer an der Algoa Bay jene Siedlung, die Gouverneur Rufane Donkin dann nach seiner Frau »Port Elizabeth« nannte. 2021 wurde die Stadt in Gqeberha umbenannt (Xhosa-Wort für den Baakens River). Obwohl hier zahlreiche viktorianische Bauten – wie Rathaus, Bibliothek und die sogenannten Donkin Street Houses – erhalten blieben, befriedigt die Stadt mit ihrer modernen Hochhaussilhouette auf den ersten Blick nicht eben Nostalgiebedürfnisse. Neben seiner Bedeutung als wichtigster Standort von Südafrikas Automobilindustrie ist Gqeberha ein beliebter Bade- und Ferienort. Denn hier am Indischen Ozean erweisen sich die Wassertemperaturen als angenehmer als die des kühleren Atlantiks etwa bei Kapstadt. Die weitläufigen Sandstrände südlich des Zentrums sind im Sommer gut besucht.

Als markantes Wahrzeichen überragt das Donkin Memorial, eine zehn Meter hohe Steinpyramide, die Bucht und den Hafen. Rufane Donkin ließ es im Gedenken an seine verstorbene Frau Elizabeth errichten. Vom angrenzenden Leuchtturm (1861) genießt man einen herrlichen Blick auf die Stadt.

ALGOA BAY

Als erster Europäer ankerte der Portugiese Bartolomeu Diaz 1488 in der weiten Algoa Bay und nannte sie Bahia de Lagoa, Lagunenbucht. Seine Weiterfahrt nach Osten verhinderte eine Meuterei der Mannschaft, die sich sicher war, am Rande der Welt angekommen zu sein. Aus den ersten Siedlungen, die in den 1820er-Jahren an der Algoa Bay entstanden, entwickelte sich die bedeutende Hafenstadt Port Elizabeth (heute: Gqeberha). Im Gegensatz zu der weitgehend bebauten Küstenlinie sind die flachen und felsigen Inselgruppen in der Bucht Naturparadiese: Auf ihnen leben Brillenpinguine und Kapscharben (St. Croix), Kaptölpel brüten in großer Zahl auf Bird Island, Antipodenseeschwalben, Dominikanermöwen und Schwarze Austernfischer sind ebenfalls zu beobachten. Zwischen Juli und November versammeln sich Buckelwale und Südliche Glattwale zu Geburt und Aufzucht der Kälber in der Bucht.

Die auf Bird Island zu Tausenden brütenden Kaptölpel sind schnelle Taucher. Die Vögel zeigen keine Scheu vor Menschen und lassen Besucher der kleinen Insel mit ihrem Informationszentrum dicht an sich heran.

ADDO ELEPHANT NATIONAL PARK

Die Elefanten des Addo Elephant National Park gelten als die am südlichsten lebenden Dickhäuter Afrikas. Ihr eingeschränkter Genpool ist dafür verantwortlich, dass die Tiere etwas kleiner sind als ihre weiter nördlich lebenden Artgenossen und auch deutlich schwächere Stoßzähne haben. Bei einigen Weibchen sind diese kaum zu erkennen. Kap-Büffel, Spitzmaulnashörner, Elenantilopen, Kudus und Ducker lassen sich am besten an den Wasserstellen beobachten. Die erst 2003 ausgewilderten Löwen und Tüpfelhyänen haben sich gut eingelebt. Seit 1995 gehört das Zuurberg-Gebiet mit seinem Bestand an Bergzebras und Leoparden zum Nationalpark. Dank der Einbeziehung eines Meeresschutzgebiets mit den Inselgruppen St. Croix und Bird Island ist Addo nicht nur Heimat der »Big Five«, sondern sogar der »Big Seven«, also auch von Walen und Weißen Haien.

Bis zu 100 Liter Wasser muss ein Elefant jeden Tag trinken. Da ist es kein Wunder, dass es an den Wasserlöchern eng werden kann. Anzutreffen sind dort auch Dorfweber (links oben) und Grüne Meerkatzen (links unten).

ADDO ELEPHANT NATIONAL PARK

Berühmt ist der Nationalpark für seine Kap-Elefanten. Im Jahr 1931, als der Nationalpark am Eastern Cape eingerichtet wurde, lebten hier nur noch elf Exemplare davon.

DIE »BIG FIVE«: AFRIKANISCHE BÜFFEL

Ein kompakter, bis zu 800 Kilogramm schwerer Körper, geschwungene Hörner, die der charakteristische Knochenwulst verbindet, und geringe Behaarung kennzeichnen eines der größten und am weitesten verbreiteten Wildtiere Afrikas. Die Bezeichnung »Kaffernbüffel«, abgeleitet vom Gattungsnamen *Syncerus caffer*, gilt als inkorrekt, da Kaffer im südlichen Afrika häufig als Schimpfwort für Schwarze gebraucht wurde. Bei den in Südafrika lebenden Tieren handelt es sich um die Steppenbüffel genannte Unterart. Büffel durchstreifen in Herden von 30 bis 60 Tieren ein festes Territorium. Bullen sind oft Einzelgänger und schließen sich den Herden nur zeitweilig an. Die Tiere haben außer dem Menschen so gut wie keine natürlichen Feinde. Löwen schaffen es nur selten, einen Büffel zu reißen, es sei denn, er ist krank und geschwächt oder es gelingt ihnen, sich überraschend ein Kalb zu schnappen. Wenn

Büffel sich in die Enge getrieben oder angegriffen fühlen, reagieren sie extrem aggressiv. Lange Zeit glaubte man, dass Büffel für den Menschen gefährlicher seien als Löwen. Da Büffel zu den Big Five, den fünf am schwersten bzw. gefährlichsten zu jagenden Säugetieren Afrikas, gerechnet werden, standen und stehen sie ganz oben auf der Wunschliste von Großwildjägern. Sie sind in ihrem Bestand aber nicht gefährdet.

Der Afrikanische Büffel muss vor allem den Mensch fürchten, denn ausgewachsene Tiere kann ein Löwe nicht reißen.

SHAMWARI GAME RESERVE

Das mit Preisen für Nachhaltigkeit und Qualität ausgezeichnete, 250 Quadratkilometer große Wildschutzgebiet Shamwari kann seit seiner Gründung 1992 auf große Erfolge verweisen. Das ehemalige Farmland, das seines natürlichen Pflanzenkleides beraubt war, ist heute wieder dicht mit Busch und lichten Wäldern bestanden, die eine erstaunliche Artenvielfalt beherbergen. Ausgewilderte Tiere wie Spitzmaulnashörner, Bergzebras und Löwen durchstreifen die Savanne, und in zwei Rehabilitierungszentren haben Wildtiere eine Heimat gefunden, die aus Zoos oder Zirkussen gerettet werden konnten. Ein besonderes Augenmerk legt Shamwari auf den Schutz seiner Nashörner. Da die Zahl der wegen ihres Horns gewilderten Rhinos in Südafrika dramatisch angestiegen ist, werden die vom Aussterben bedrohten Tiere rund um die Uhr überwacht und die Zäune streng kontrolliert.

Neben Löwen und Leoparden gilt der Schutz im Shamwari Game Reserve vor allem den Spitzmaulnashörnern. Urlauber können hier nicht nur auf Fotosafari gehen, sondern sich auch freiwillig engagieren.

SHAMWARI GAME RESERVE

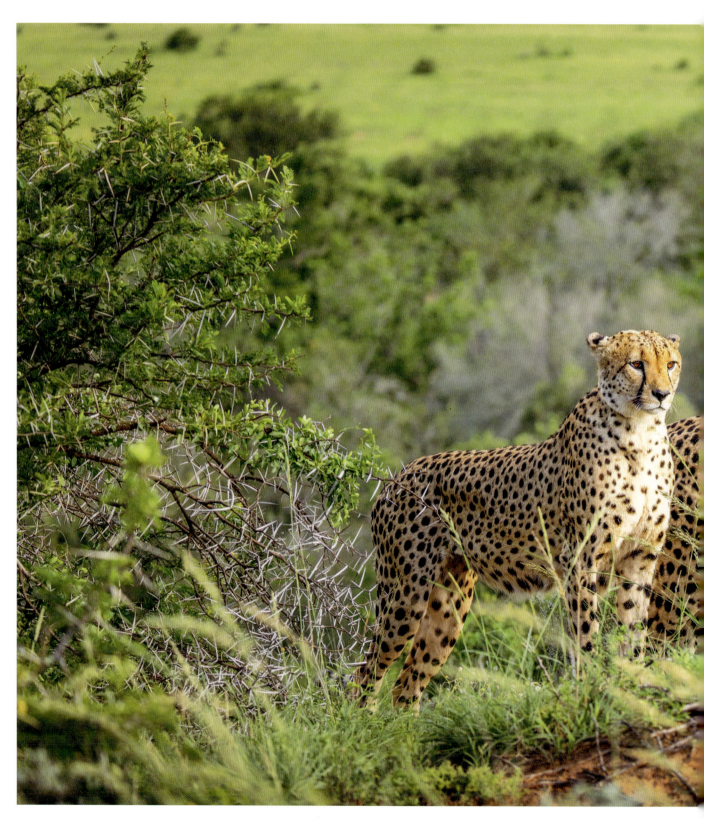

Während Elefanten, Giraffen und Co. in Shamwari ein häufigerer Anblick sind, braucht es für Geparden etwas mehr Glück.

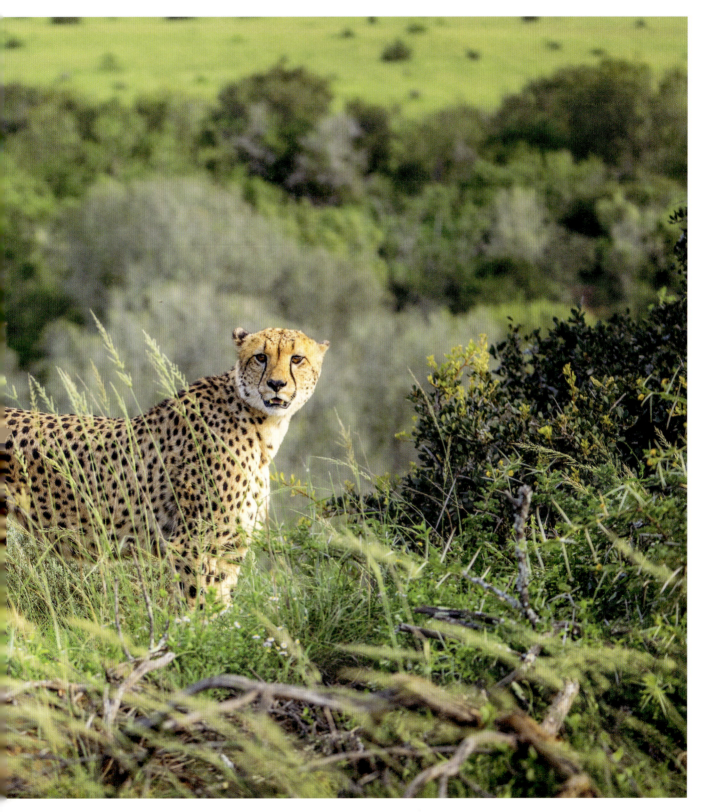

EAST LONDON

Deutsche und britische Söldner, die sich 1857 an der Mündung des Buffalo River in den Indischen Ozean niederließen, gelten als die Gründungsväter East Londons. Das deutsche Element ist in der Stadt bis heute präsent: So wird wöchentlich ein German Market abgehalten. Einige historische Bauten, darunter die markante Town Hall, verleihen dem Stadtzentrum ein nostalgisches Flair. Im East London Museum ist ein präparierter *Coelacanthus* zu sehen: Der Quastenflosser galt als vor 65 Millionen Jahren ausgestorben, bis ein Fischer 1938 ein Exemplar im Chalumna River fing. Seine große Anziehungskraft als Ferienort verdankt East London den herrlichen Sandstränden, an denen Surfer wie Schwimmer nahezu das ganze Jahr über ins Wasser gehen können.

Direkt vor den Toren East Londons liegt die gepflegte Seebadsiedlung Gonubie, in die es aufgrund der herrlichen Strände viele East Londonians zum Wohnen zieht.

NAHOON BEACH

Die Bucht von East London bietet Wassersportlern das ganze Jahr über ideale Bedingungen – das Klima ist mild, und der Indische Ozean lockt mit Temperaturen um 28 °C selbst empfindliche Naturen ins Meer. Der beliebteste Strand East Londons schmiegt sich acht Kilometer nördlich der Stadt als perfekte Sichel hellen Sandes um eine Lagune an der Mündung des Nahoon River und ist dadurch vor heftigem Seegang geschützt. Surfer schätzen die sich davor an einem Riff brechenden Wellen, die sicheres Können erfordern. Profis vergleichen die Surfbedingungen am Nahoon Beach gerne mit dem legendären Sunset Beach auf Hawaii. Der einzige Wermutstropfen sind die zahlreichen Haie: Die Wellenreiter achten mindestens so aufmerksam auf Haiflossen wie auf die heranrollenden Wellen.

Einen herrlichen Blick auf den Ozean hat man am Nahoon Point, einer felsigen Landspitze inmitten sanfter Dünen.

TRANSKEI

Das ehemalige Homeland der Xhosa galt ab dem Jahr 1976 als von Südafrika unabhängiger Staat mit eigener Regierung; erst mit dem Ende der Apartheid kehrte die Transkei als Teil der Provinz Ostkap zum Mutterland zurück. Landwirtschaft, Viehzucht und die finanziellen Zuwendungen von Arbeitsemigranten bilden das wirtschaftliche Standbein. Noch immer ziehen die hier lebenden Xhosa ihre althergebrachten Rundhütten, die zu einem Kraal, einer kreisförmigen Siedlung, gruppiert zusammenstehen, modernen Wohnhäusern vor. Den Oberhäuptern und den Heilern kommt in der Gesellschaft eine wichtige Rolle zu. Selbst die ehemalige Homeland-Hauptstadt Mthatha (Umtata) besitzt ein sehr ländliches und afrikanisches Flair. Hier erinnert ein Museum an den berühmtesten Sohn der Transkei, den Führer des ANC und langjährigen Präsidenten Südafrikas, Nelson Mandela.

Die sanfte Hügellandschaft der Transkei hat einen ganz eigenen Charme. Blick vom Mount Thesiger bei Port St. Johns auf die Mündung des Umzimvubu River. Zum Meer hin geht sie in die von bizarren Erosionsstrukturen geprägte Wild Coast über.

XHOSA

Die Xhosa gehören der großen Sprachgruppe der Bantu an, die, in mehreren Wanderzügen ab dem 11. Jahrhundert von Norden kommend, nach Südafrika einwanderte. Mit der Kolonialisierung kam es zu bewaffneten Konflikten der viehzüchtenden Xhosa mit Buren um Weiderechte, in deren Verlauf die Xhosa immer weiter nach Süden abgedrängt wurden. Von Nordosten gerieten die Xhosa durch das expandierende Reich der Zulu unter Druck. Heute leben die meisten Xhosa am Eastern Cape. Riten wie die Initiation der jungen Männer, »Ulwaluko« genannt, werden bis heute durchgeführt. Dabei ziehen sich die Jugendlichen nach der Beschneidung in den Busch zurück. Ihre Körper reiben sie zum Zeichen des Übergangs mit weißer Farbe ein. Magische Praktiken wie Weissagung oder Heilung durch Kräuter oder Zauber sind weitverbreitet. Die Gesellschaftsstruktur mit einem traditionellen Oberhaupt dient auch heute noch als Grundlage der Provinzverwaltung. Erstaunlich hoch ist der Anteil von Xhosa unter den politischen Führern von Südafrika: Neben Nelson Mandela gehör(t)en auch Bischof Desmond Tutu und der ehemalige Staatspräsident Thabo Mbeki diesem Volk an. Die prominenteste weibliche Vertreterin der Xhosakultur war die Sängerin Miriam Makeba.

Magische Riten spielen im Alltag der Xhosa eine wichtige Rolle. Perlenschmuck und weiße Muster im Gesicht tragen Frauen zu den vielfältigen Zeremonien (rechts). Die jungen Männer reiben für die wichtigen Initiationsriten ihren ganzen Körper mit weißer Farbe ein (unten).

XHOSA

Mit Tänzen und Gesängen bereiten sich Xhosa-Frauen in traditioneller Kleidung 2013 auf die Beisetzung Nelson Mandelas vor.

DESMOND TUTU

»Tu etwas Gutes, wo immer du bist. Es sind all die Kleinigkeiten, die zusammen die Welt verändern.«

In einer Rede an der Universität des Westkaps in Kapstadt spricht sich Desmond Tutu 1988 für die Freilassung inhaftierter ANC-Führer aus (großes Bild). Als anglikanischer Geistlicher, der für Gewaltlosigkeit eintrat, war er für das Regime schwer angreifbar und wurde zu einer Symbolfigur im Kampf gegen die Rassentrennung.

Eigentlich wollte Desmond Mpilo Tutu (1931 in Klerksdorp geboren), schon immer Arzt werden. Doch da sich seine Familie die Ausbildung nicht leisten konnte, wurde er – wie schon sein Vater – Lehrer. Als die weiße Minderheitsregierung jedoch 1953 ein Gesetz verabschiedete, das schwarze Schulkinder gegenüber weißen benachteiligte, wandte sich der religiös erzogene Tutu dem Priesterberuf zu. Als anglikanischer Geistlicher war er Dekan von Johannesburg (1975/76), Bischof von Lesotho (1976–1978), Generalsekretär des Südafrikanischen Kirchenrats (1978–1985) und Erzbischof von Kapstadt (1986–1996). Während all dieser Zeit führte er einen ausdauernden Kampf für die Gleichberechtigung der schwarzen Bevölkerung, der ihn zu einer Symbolfigur der Anti-Apartheid-Bewegung machte. 1984 erhielt er den Friedensnobelpreis. Nach dem Ende der Apartheid war er ab 1995 Vorsitzender der südafrikanischen Wahrheits- und Versöhnungskommission, die politische Verbrechen während des Apartheidregimes untersuchte und zur Versöhnung beitragen sollte. Später setzte er sich auch für Entwicklungshilfe, Klimaschutz und die Rechte von Homosexuellen in Afrika ein. Am 26. Dezember 2021 verstarb er im Alter von 90 Jahren in Kapstadt.

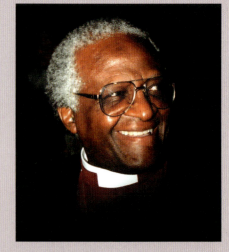

WILD COAST

Schroffe, felsige Abschnitte wechseln sich entlang der »Wilden Küste« zwischen East London und dem knapp 300 Kilometer entfernten Port Edward mit weich geschwungenen Sandbuchten, türkisblauen Lagunen und verzweigten Flussdeltas ab. Mangrovensümpfe und Regenwald gehen in die grüne, gleichmäßig gewellte Hügellandschaft der Transkei über. Seinen Namen verdankt dieser Küstenabschnitt allerdings nicht der landschaftlichen Vielfalt, sondern der Tatsache, dass hier wegen tückischer Strömungs- und Windverhältnisse zahlreiche Schiffe verunglückten. Für Wanderer wurden mehrere Hiking Trails eingerichtet, die in insgesamt 14 Tagesetappen die Küstenlinie erschließen. Bedroht ist dieses Naturparadies durch Pläne eines australischen Bergbaukonzerns, titaneisenerzhaltigen Dünensand abzubauen. Unter der Xhosa-Bevölkerung regt sich dagegen massiver Widerstand.

Nicht nur von übermütigen Delfinen, sondern auch von Weißen Haien wimmelt das Meer an der Wild Coast – vor allem während des alljährlichen »Sardine Run«, einem nur vor der Küste Südafrikas zu beobachtenden Naturspektakels, bei dem Abermillionen von Sardinen die Ostküste entlangwandern.

Hole in the Wall

Eines der bekanntesten Naturdenkmäler und – neben den atemberaubenden Stränden – das Wahrzeichen der Wild Coast ist das Hole in the Wall, ein eindrucksvoller Felsbogen, acht Kilometer von Coffee Bay entfernt. Die markante Felsformation aus Sandstein und Schiefer vor der Mündung des Mpako River wurde vor Jahrtausenden durch die Kraft der vor der Küste tosenden Wellen geschaffen. Romantischer erzählen es die Legenden der Xhosa, laut denen das Loch im Fels geschaffen wurde, als ein Meeresmann sich in ein schönes Mädchen verliebte, von dem ihn der Fels wie eine Mauer trennte. In der Sprache der ortsansässigen Xhosa heißt die Formation esiKhaleni – »Ort des Donners«. Hört man die Wellen bei stürmischem Wetter durch das Loch rauschen, sodass der Nachhall das ganze Tal erfüllt, kann man dies gut nachvollziehen. Doch auch die Umgebung, die man auf einer Wanderung von der Coffee Bay aus bewundern kann, ist ein wahres Naturschauspiel. Wild und rau ist die Gegend und dennoch traumhaft schön und abgeschieden – mit endlos langen Sandstränden, jadegrünem Gras, das die Hügel und Berge bedeckt, und dunklen Felsen, die ins wilde, tiefblaue Wasser abfallen. Mit etwas Glück kann man in der Bucht sogar Delfine oder Wale entdecken.

WILD COAST

»Das Loch in der Wand« heißt diese Felsformation an der Wild Coast, die zu den unberührtesten Regionen Südafrikas gehört.

GEFÄHRDET UND GEFÄHRLICH: DER WEISSE HAI

Die direkten Vorfahren der heutigen Haie lebten vor 400 Millionen Jahren. Seither haben sich die Haie wenig verändert, anders als ihre Umwelt: Menschen dringen in ihr Revier ein, um sie zu jagen, zu beobachten oder auch nur um darin zu schwimmen und zu surfen. Südafrikas Küsten, besonders die Gewässer um Kapstadt und um Durban, sind berühmt für ihre Weißen Haie. Das größte hier aufgetauchte Tier soll 6,6 Meter lang und 3285 Kilogramm schwer gewesen sein. Heute bleiben die Tiere deutlich unter solchen Werten. Gemessen an der Häufigkeit der Begegnungen, kommen Angriffe auf Menschen selten vor. Jährlich gibt es zwischen fünf und sieben Attacken an der südafrikanischen Küste, von denen mindestens eine tödlich endet. Allerdings lässt sich eine Häufung der Angriffe beobachten. Das liege am strengen Naturschutz, sagen die einen. Andere halten jene für verantwortlich, die

Haibeobachtungstouren für Touristen organisieren: Um die Tiere anzulocken, schütten sie eine Mischung aus Blut, Öl und Fischabfällen ins Wasser. Deshalb wagen sich die Haie immer näher an die Küste heran und bringen den Menschen mit Nahrung in Verbindung. Dass vor allem Surfer von Haiattacken betroffen sind, liegt daran, dass das Surfbrett unter Wasser wie eine Robbe aussieht – die steht auf der Hai-Speisekarte ganz oben.

Glaubt man dem Taucherlatein, sollen schon riesige Exemplare Weißer Haie von bis zu 20 Metern Länge gesichtet worden sein. Ganz nahe kommen Taucher den gefährlichen Menschenfressern beim *cage diving*: sicher umhüllt vom Stahlgitter eines robusten Käfigs.

DWESA-CWEBE MARINE PROTECTED AREA

Die Schutzgebiete Dwesa und Cwebe erstrecken sich an der Mündung des Mbhashe in den Indischen Ozean und repräsentieren die typischen Landschaftsformen der Wild Coast auf kleinem Raum. Watt, Mangrovensümpfe, Dünenküste, offenes Grasland, Akazienbusch und lichte Wälder sind Lebensraum von über 290 Vogelarten, weshalb sie als Paradiese für die Vogelbeobachtung gelten. Wild, das die Region früher durchstreifte, wurde wieder eingeführt, etwa Kuhantilopen, Blessböcke und Weißschwanzgnus. Auch Büffel, Elenantilopen und Warzenschweine können beobachtet werden, im Flusswasser lauern Krokodile. Dwesa und Cwebe gehören zu den am striktesten geschützten Gebieten in Südafrika. Die Bewohner dürfen die Ressourcen wie Holz, Muscheln, Wild und Fisch dennoch in beschränktem Rahmen nachhaltig nutzen, wie es ihre Vorfahren seit Hunderten von Jahren getan haben.

Unten: eine Natal-Buschschlange. Sie kann trotz ihrer relativ geringen Größe große Beute wie Frösche oder Kröten im Ganzen verschlingen, dafür hängt sie ihren Kiefer aus. Lieblicher zeigen sich die hübschen Küstenabschnitte, die zum geschützten Meeresbereich führen (links).

m'Bashe Lighthouse

Ein interessantes Wahrzeichen ist der Leuchtturm, der nahe dem Ferienörtchen The Haven auf halbem Weg zwischen East London und Port St. Johns über die Wild Coast wacht. Auf einem Hügel westlich des heutigen Bauwerks errichtete man bereits 1892 einen Leuchtturm, der jedoch 1944 abgerissen wurde. Überreste sind an der Straße nach The Haven noch heute sichtbar. Beim heutigen Leuchtturm handelt es sich um eine 14 Meter hohe Stahlgitterkonstruktion, die 1926 erbaut wurde. Da die nächstgelegene Stadt Mthatha (bis 2004 Umtata) ca. 100 Kilometer entfernt ist, war die Arbeit auf dem Leuchtturm ein einsamer und abgelegener Posten. Zweimal wöchentlich brachte ein Bus dem Leuchtturmwärter Proviant. 1962 wurde der Leuchtturm, der noch heute in Betrieb ist, elektrifiziert und bildet mit seiner markanten roten Kuppel eine bekannte Landmarke. Früher war der Küstenabschnitt an den Felsen vor allem bei Fischern beliebt, die hier gute Möglichkeiten für den Kabeljaufang vorfanden. Heute ist das Angeln im Meeresschutzgebiet zwar nicht mehr erlaubt, dafür lockt die Küste zwischen Mbhashe und Mbhanyana River mit den Naturschutzgebieten Dwesa und Cwebe und dem vom Strand aus sichtbaren Leuchtturm abenteuerlustige Urlauber und Naturliebhaber an.

NORDKAP

Karges Land mit schier endlos scheinenden Wüstenebenen und zu Skulpturen erodierten Felsgebirgen prägt die nördliche Kapprovinz. Die wahren Schätze schlummern hier im Verborgenen: Wasser, gespeichert in den Stämmen und Wurzeln der Wüstenpflanzen, Blumensamen, die nach spärlichem Regen zu Blütenteppichen explodieren, Diamanten in den erstarrten Schloten unterirdischer Vulkane. Die Kalahari ist Heimat der Nama sowie der San, der letzten Nomadenvölker Südafrikas, und bietet trotz ihrer Aridität einer beeindruckend artenreichen Tierwelt einen Lebensraum.

Südafrika wie aus dem Bilderbuch: Vor der atemberaubenden Kulisse der welligen Bergwüstenlandschaft im Richtersveld-Nationalpark sprenkeln grüne Tupfen genügsamer Pflanzen die rostrote Erde und erzeugen zusammen mit dem Blau des Himmels ein Potpourri an Farben.

ORANGE RIVER

Der Orange River oder Oranje ist nach dem Sambesi der zweitlängste Fluss des südlichen Afrikas. Von seiner Quelle im Hochland von Lesotho bis zur Mündung in den Atlantik bei Oranjemund legt der Fluss eine Wegstrecke von über 2000 Kilometern zurück. Auf seinem letzten Teilstück bildet er die Grenze zwischen Südafrika und Namibia. Hier, in der ariden Landschaft des nördlichen Namaqualandes und der angrenzenden Südnamib, wirkt der breite Fluss wie eine Fata Morgana. Galeriewälder säumen seine Ufer, und intensive Bewässerung sorgt für ertragreichen Obst- und Weinbau in flussnahen Regionen. Mit Sedimenten aus dem Hochland transportiert der Oranje eine kostbare Fracht, Diamanten, zum Atlantik. Dort verteilt die vorherrschende Strömung die wertvollen Steine entlang der Südküste Namibias, wo die Offshore-Lagerstätten ausgebeutet werden.

In seinem Oberlauf fließt der Oranje durch malerische Gebirgslandschaften. An der Grenze zu Namibia rauscht er immer breiter werdend durch flache Canyons. Über 220 Quadratkilometer am Fluss entlang erstreckt sich der Augrabies Falls National Park mit dem gleichnamigen Wasserfall.

|AI-|AIS RICHTERSVELD TRANSFRONTIER PARK

Rund 160 000 Hektar Halbwüste und Wüste bilden die Vegetationszonen des Richtersveld National Park, der seit 2003 mit dem namibischen |Ai-|Ais/Fish River National Park als |Ai-|Ais Richtersveld Transfrontier Park eines der ersten grenzüberschreitenden Schutzgebiete des südlichen Afrika bildet und 2007 zum UNESCO-Welterbe erklärt wurde. Karge Landschaften und viele endemische Sukkulenten sind charakteristisch für die im Nordwesten an den Oranje-Fluss grenzende Region. Bis heute trotzen hier kleine Nama-Gruppen als Halbnomaden den Klimaschwankungen mit heißen Sommern und eisigen Winternächten. Als Wahrzeichen des Richtersveld gilt der Köcherbaum, eine Aloe mit filigran verzweigter »Krone« und goldglänzender Rinde. Früher höhlten die San (»Buschmänner«) die Äste aus und benutzten sie als Köcher für ihre Giftpfeile, daher auch der Name.

In steinigen Wüsten, wo es kaum noch eine Pflanze aushält, fühlt sich der Köcherbaum (unten) am wohlsten. Seine Wurzeln können in kurzer Zeit selbst kleinste Mengen an Flüssigkeit aufnehmen. Auch *Hoodia gordonii* (links oben) und *Arctotis* (links unten) sind im Park zu finden.

|AI-|AIS RICHTERSVELD TRANSFRONTIER PARK

Die Silhouetten der Köcherbäume, die sich gegen den Sternenhimmel abheben, beschwören die Magie Südafrikas herauf. Die bis zu neun Meter hohen Bäume werden bis zu 300 Jahre alt.

NAMA: DAS BRUDER-VOLK DER SAN

Die Nama gelten als der letzte überlebende Zweig der Khoikhoi, die neben den San die Ureinwohner des südlichen Afrika darstellen. Ursprünglich waren die Khoikhoi – von den europäischen Kolonialisten abwertend als »Hottentotten« bezeichnet – am Oranje-Fluss und entlang der südwestafrikanischen Küste verbreitet. Sie wurden von den Europäern nach und nach systematisch dezimiert und immer mehr in unwirtlichere Regionen abgedrängt. Doch im abgelegenen Richtersveld konnten die Nama bis auf den heutigen Tag überleben; hier können sie auch noch ihre halbnomadische Lebensweise praktizieren und mit ihren Schafen und Ziegen zu jahreszeitlich wechselnden Weidegebieten ziehen. Ihre transportablen Kuppelhütten – »haru oms« genannt – bestehen aus sich überschneidenden Holzreifen, über die selbst geflochtene Matten gelegt werden. Die ersten Weißen, die mit Nama-Gruppen in Kontakt kamen, waren zumeist Missionare. Historische Quellen berichten von der reichen oralen Überlieferung und der großen Musikalität dieses Volkes. Dem Christentum gegenüber zeigten sich die Nama offen. Sie ließen sich schnell bekehren, wenngleich prächristliche Glaubensvorstellungen wie die ausgeprägte Furcht vor den Toten, deren Gräber man meidet, nach wie vor noch eine große Rolle spielen.

Frühe Darstellungen zeigen ranghohe Nama in Rock oder Lendenschurz und (Pelz-)Umhang. Die Begegnung mit christlichen Siedlern und Missionaren im 17. und 18. Jahrhundert änderte Kultur und Lebensstil der nomadischen Viehzüchter. Heute zählen u. a. viktorianisch inspirierte, lange Kleider zur traditionellen Tracht der Frauen.

NAMAQUALAND

Namaqualand prägen Höhenzüge, die von weiten, teils sandigen Ebenen wie zum Beispiel im Goegap Nature Reserve bei Springbok unterbrochen werden. Für spektakuläre Farbspiele sorgt in dieser ariden Region die jährliche Wildblumenblüte: Zwischen Juli und September wird die sonst graugelbe Landschaft von einem farbenprächtigen Blütenteppich überzogen, der zahlreiche Insekten anlockt. Mit geübtem Auge lassen sich dann Tiere wie das Wüstenchamäleon beobachten, das im Gegensatz zu seinen auf Bäumen lebenden Artgenossen ein reiner Bodenbewohner ist. Die winzige Namaqualand-Flachschildkröte zählt mit kaum zehn Zentimetern Größe zu den kleinsten Schildkröten weltweit. Dass auch diese Region in früheren Zeiten von nomadisierenden Volksgruppen durchstreift wurde, belegen Felsmalereien in den südlich angrenzenden Zederbergen.

Wenige Millimeter Regen im Juli und August reichen aus, um aus der trostlosen Ödnis des Namaqualands ein Fest der Farben zu machen. In den wenigen Monaten der Regenzeit sprudelt die Natur geradezu vor Artenvielfalt über, bis das Warten erneut einsetzt.

NAMAQUA NATIONAL PARK

Vor allem zur Wildblumenblüte im Frühjahr der Südhalbkugel bietet der Nationalpark einen spektakulären Anblick. Er ist Teil der Sukkulenten-Karoo, deren Artenvielfalt einmalig ist für eine so aride Region. Über 3000 verschiedene Pflanzen, darunter 1000 Endemiten, leben einen Großteil des Jahres nur von der Feuchtigkeit der Nebelbänke, die vom Atlantik landeinwärts ziehen, oder von in Stamm, Wurzel oder Blättern gespeichertem Wasser, um dann nach den Winterregen in einem Blütenmeer zu explodieren. Neben den Blumenteppichen beherrschen die prägnanten Silhouetten der Köcherbäume das Landschaftsbild. Ebenso vielfältig ist der Reichtum an Insekten und Reptilien. Unter den acht verzeichneten Schlangenarten sind so gefährliche Exemplare wie Puffotter und Kapkobra. Die nur hier vorkommende Namaqualand-Flachschildkröte gilt als kleinste Schildkröte der Welt.

Unten: Auf den ersten Blick wirkt die kuriose Pflanzenart »Lithops« (von griechisch »lithos«: Stein und »opsis«: Aussehen) wie ein Haufen Kieselsteine. Die »Lebenden Steine« haben sich an die karge Gegend angepasst. Zur Zeit der Blüte findet sich auch der Hagedasch, eine Ibisart, hier ein (großes Bild).

NAMAQUA NATIONAL PARK

Um mit der Farbenpracht des Frühlings mithalten zu können, gewandet sich die Kegelkopfschrecke in ein buntes Farbenkleid. So signalisiert sie ihren Fressfeinden Ungenießbarkeit.

GOEGAP NATURE RESERVE

Goegap, in der Sprache der Nama die »Quelle«, hat sich aus einem aufgelassenen Kupferabbaugebiet entwickelt und ist damit ein gutes Beispiel für die Selbstheilungskräfte der Natur – vorausgesetzt, sie wird geschützt. Das rund 16 000 Hektar große Areal östlich des Städtchens Springbok besteht aus wüstenhafter Berglandschaft mit weiten Tälern, in denen Wasserlöcher dem Wild das überlebensnotwendige Nass bereitstellen. Der Trockenheit angepasste Tiere wie der majestätische Gemsbock, Springböcke, Hartmannsche Bergzebras und Strauße zeigen sich ohne Scheu den Besuchern, die das Areal auf einem der Geländewagen vorbehaltenen Trails erkunden. Vegetationslose Berghänge, zu fantastischen Figuren erodierte Granitskulpturen, dazwischen wurzelnde Köcherbäume und der von den Nama als »Halbmensch« bezeichnete *Pachypodium namaquanum* prägen das Landschaftsbild.

Afrika ist die Heimat seltsamer Pflanzen, die es nirgendwo sonst gibt – etwa des Köcherbaums (links), der auf Afrikaans »Kokerboom« heißt. Die Oryxantilopen (unten) können sich mit ihren Hörner auch gegen Löwen und andere Raubkatzen verteidigen.

AUGRABIES FALLS NATIONAL PARK

Der im Jahr 1967 gegründete Nationalpark umfasst neben den Wasserfällen Augrabies Falls ein rund 900 Quadratkilometer großes Gebiet extrem arider Landschaft, in der die Vegetation hauptsächlich aus Köcherbäumen, Dornbüschen und Opuntien (eine Kakteenart) besteht. Trotz der trockenen Umgebung ließ sich in den Galeriewäldern entlang des Oranje eine bunte Vogelwelt nieder. Zur Fauna zählen auch an die Wüste angepasste Gazellen, Paviane, Stachelschweine und einige Spitzmaulnashörner, die hierher ausgewildert wurden. Eine Hauptattraktion sind die Wasserfälle des Oranje, die auf einer Breite von rund 150 Metern bis zu 56 Meter tief in die Schlucht stürzen. Ein anderes, ganz eigenes Naturphänomen kann man nicht weit von hier bei Griquatown bewundern: Wenn sich die Sanddünen, vom Wind angetrieben, bewegen, entsteht ein rollendes, unheimliches Geräusch.

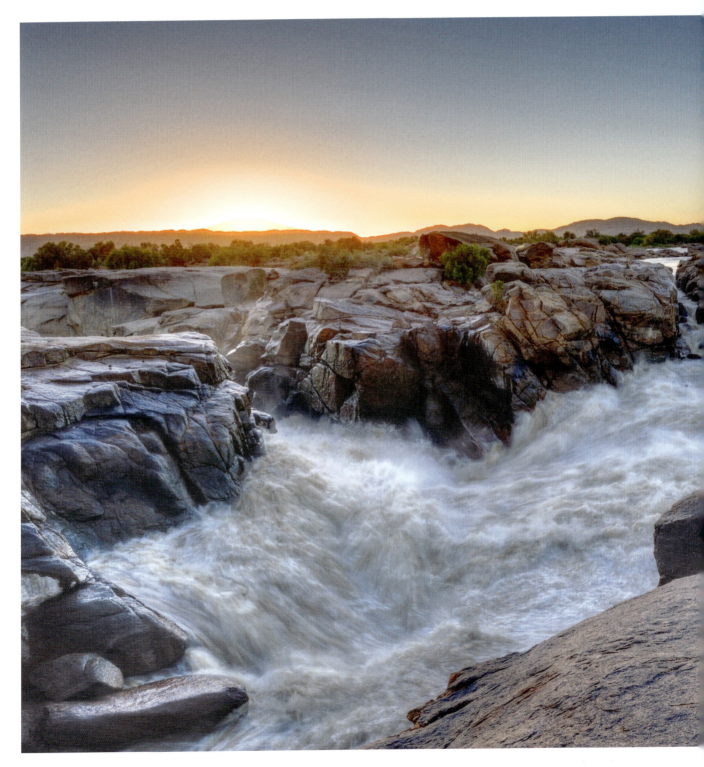

Der Kontrast zwischen der extrem ariden Umgebung und den Wassermassen des Oranje-Flusses, die sich an den Augrabies Falls 56 Meter in die Tiefe stürzen, ist faszinierend. In der Nähe der Wasserfälle stößt man auf Klippschliefer und bunte Plattgürtelechse.

AUGRABIES FALLS NATIONAL PARK

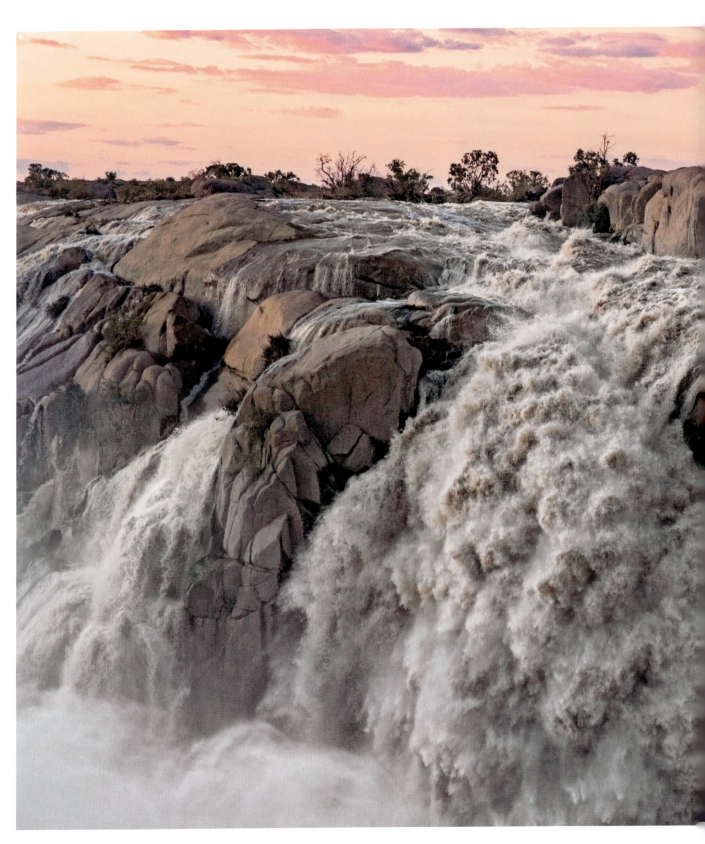

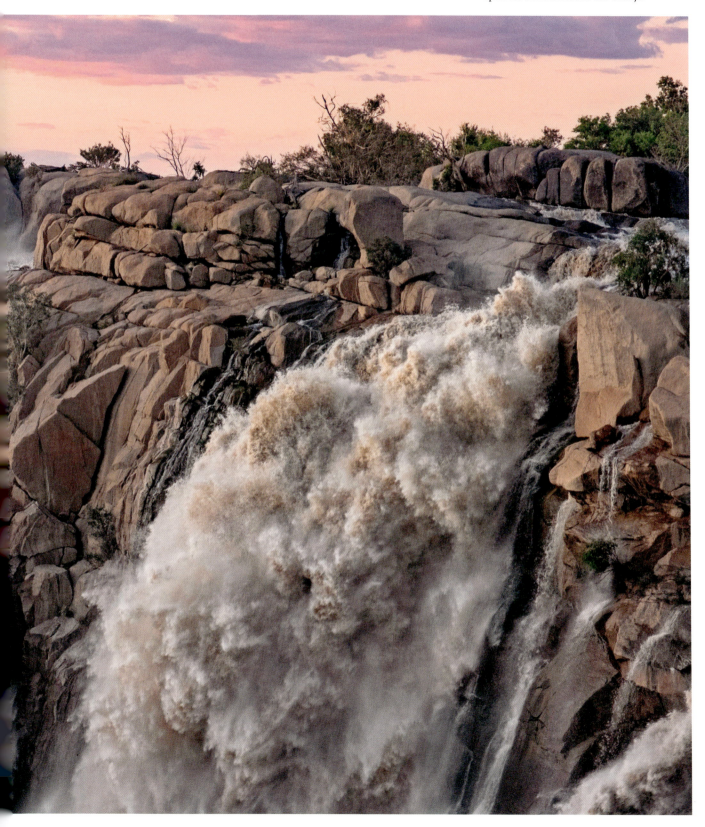

Wie passend: Ankoerebis – »Ort des großen Lärms« – nannten die Nama das Naturschauspiel der tosenden Fälle des Oranje.

KGALAGADI TRANSFRONTIER PARK

Der Kgalagadi Transfrontier Park, entstanden durch Zusammenschluss des Kalahari Gemsbok Park mit dem botsuanischen Gemsbok National Park, war wie der |Ai-|Ais Richtersveld Transfrontier Park eine der ersten grenzüberschreitenden Einrichtungen dieser Art im südlichen Afrika. »Kgalagadi«, »das vertrocknete Land«, nennen die San die Wüste Kalahari. Deren rote, parallel zueinander verlaufende Sanddünen sehen so aus, als wären sie mit einer riesigen Harke gezogen worden. In den Dünentälern wurzeln Büsche und Bäume, periodisch gibt es Wasserstellen. Große Wildherden durchstreifen diese faszinierende Landschaft, darunter viele Oryxantilopen, die als »Überlebenskünstler der Wüste« gelten, weil sie sich so gut an die aride Umgebung angepasst haben. Mit ihrer auffälligen Fellzeichnung und den spitzen Hörnern sind die Tiere unverwechselbar.

Im grenzübergreifenden Kgalagadi Transfrontier Park gibt es weder für Mensch noch Tier Zollkontrollen. Die Idee der »Peace Parks«, die mehrere Länder verbinden und nicht nur Springböcken (links) und Löwen (unten) freie Bahn gewähren, wird in ganz Afrika immer populärer.

KGALAGADI TRANSFRONTIER PARK

Bereits die Jungtiere ahmen den ausgewachsenen Erdmännchen das Verhalten nach und halten Ausschau nach Gefahr.

KALAHARI – DIE ROTE WÜSTE

Nur ein kleiner Teil der Kalahari gehört zu Südafrika, der überwiegende Teil liegt im benachbarten Botsuana mit westlichen Ausläufern in Namibia. Anders als in der hier zu verortenden Namib verlaufen die Dünen der Kalahari in schmalen, langen Rippen parallel zueinander. Es sind fossile Dünen, deren Fundament vor langer Zeit versteinerte. Vor Urzeiten war die Kalahari einmal eine Felsenwelt aus Sandstein, der aber vom Wind zu feinstem Sand zerrieben und dann zu den typischen, gewellten Kalahari-Dünen aufgetürmt wurde. In den Dünentälern findet sich oberflächennahes Wasser, dessen unterirdisches Netz in Verbindung mit dem Okavango-Binnendelta steht. Ist das Delta gut bewässert, fließt überschüssiges Nass bis an die äußersten Enden dieses Netzes. Liegt es trocken, zieht es das Wasser zurück. Dieser Prozess beschert der Kalahari eine relativ große Fruchtbarkeit. In den Tälern weiden Giraffen,

Oryxantilopen, Zebras und Springböcke; große und kleine Raubtiere gehen auf die Pirsch, Grasbüschel und Akazien stabilisieren den sandigen Untergrund. Die Schönheit des Wechsels aus Wüste und Grün kann sich durchaus mit der Majestät der Dünen am namibischen Sossusvlei messen.

Nicht jede Wüste ist öde und leer. In der Kalahari regnet es zwar äußerst selten und monatelang überhaupt nicht. Trotzdem haben sich erstaunlich viele Pflanzen an diese unwirtliche Welt angepasst. Meist liegen zwischen ihren Sandrippen fruchtbare Täler, in denen Tiere Nahrung finden.

KALAHARI – DIE ROTE WÜSTE

Eine Warzenschwein-Familie spaziert durchs trockene Gras. Auch sie findet in der Kalahari ausreichend Nahrung.

KIMBERLEY

Die Diamantenfundstätten um Kimberley liegen nicht oberirdisch in Flussläufen wie in anderen Regionen, sondern eingeschlossen in einen erstarrten vulkanischen Schlot, in Kimberlit-Gestein. 1869 wurden die Vorkommen entdeckt, daraufhin entwickelte sich Kimberley zu einer Stadt mit 10 000 Einwohnern, die in ihren Claims dem Glück nachjagten. Der englische Abenteurer und Vater Rhodesiens, Cecil Rhodes, gründete 1880 die »De Beers Consolidated Mines«, benannt nach der Familie, deren Claims er aufgekauft hatte. Acht Jahre später hatte er seinen größten Konkurrenten Barnato geschluckt und die De Beers Consolidated Mines geschaffen, bis heute Quasi-Monopolist im südlichen Afrika. Zum Firmenkonglomerat gehört auch Finsch, eines der modernsten Bergwerke der Welt. Aber das den Boom auslösende »Big Hole« wurde schon 1914 mangels Rentabilität geschlossen.

Das »große Loch« von Kimberley gilt mit 215 Metern Tiefe und einem Durchmesser von 460 Metern als das größte je von Menschenhand gegrabene Loch der Welt (links). Spannend ist ein Besuch im angrenzenden Museum mit historisch eingerichteten und ausgestatteten Räumen (unten).

DIAMANTEN: VOM BOOM ZUM »KIMBERLEY-PROZESS«

1866 hatte ein 15-Jähriger im Oranje-Fluss den ersten Diamanten entdeckt, der »Eureka« genannt wurde und 21 Karat hatte. Echtes Diamantenfieber setzte aber erst ein, als man drei Jahre später die Kimberley-Schlote fand: Die kostbaren Steine waren in erstarrtem Magma eingeschlossen – in Kimberlit, dessen Adern sich tief bis unter die Erde erstreckten. Anfangs wurde noch in vielen kleinen Claims gegraben, doch schon bald wurde diese Form des Abbaus unrentabel. Mit dem Einstieg von Cecil Rhodes in das Diamantengeschäft setzte ab 1880 der Konzentrationsprozess ein, elf Jahre später gehörten seiner Firma »De Beers Consolidated Mines« bereits unglaubliche 90 Prozent der damals bekannten Diamantenvorkommen weltweit. Bald dominierten Diamanten aus Südafrika den Weltmarkt. Allerdings steht das Land heute nicht mehr an erster Stelle in der Förderung von Dia-

manten – Russland, Kongo und Botsuana haben ihm den Rang abgelaufen. Im Mai 2000 trafen sich erstmals Vertreter mehrerer Diamanten produzierender Länder des südlichen Afrika in Kimberley, um eine Lösung für das Problem zu finden, dass mit illegal geschürften »Blutdiamanten« auch gewalttätige Konflikte finanziert werden. Mit staatlichen Herkunftszertifikaten im Rahmen des »Kimberley-Prozesses« versucht man seitdem, den illegalen Handel zu verhindern.

Südafrika ist reich an Bodenschätzen. Diamanten werden unter Tage mit Schaufelbaggern und Presslufthämmern abgebaut. In der Mine von De Beers in Finsch werden auch hoch technisierte Roboter eingesetzt, um die kostbaren Edelsteine aus der Tiefe der Felsen zu holen.

GAUTENG · NORDWEST · FREISTAAT

Der Große Treck, Schlachten mit Zulu-Kriegern, der Kampf gegen das Apartheidsregime – in Südafrikas Geschichte spielen die Provinzen Gauteng, Nordwest und Freistaat eine ganz besondere Rolle. Martialische Denkmäler feiern den Durchhaltewillen der Buren, Museen vermitteln hautnah die erschreckende Umsetzung der Rassentrennungsideologie und den steinigen Weg in die Demokratie. Aber auch dieser Teil Südafrikas geizt nicht mit Naturschönheiten wie den faszinierenden Sandsteinskulpturen des Golden-Gate-Nationalparks und wildreichen Reservaten wie Madikwe.

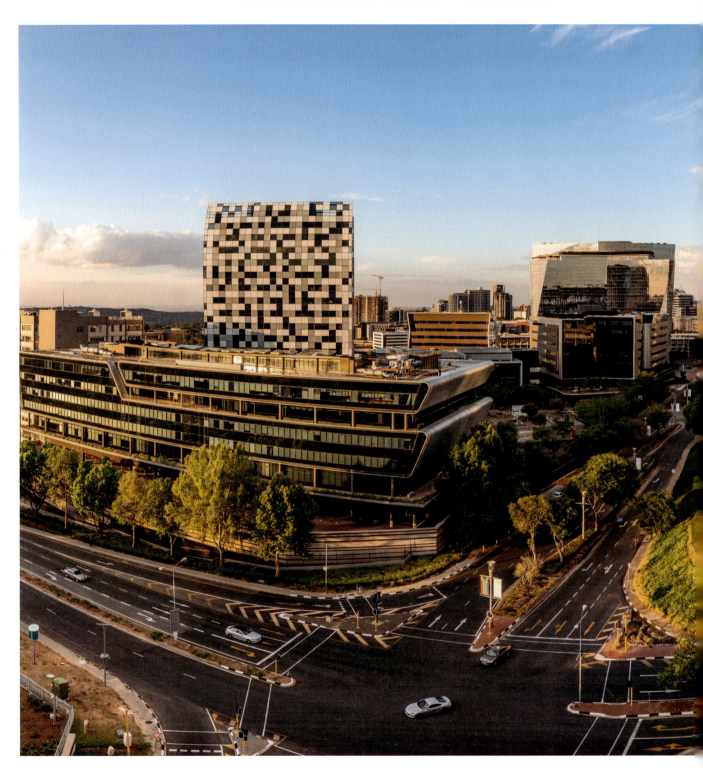

Das wohlhabende Sandton liegt nördlich von Johannesburg, grenzt aber direkt an das Stadtgebiet an und zählt zur gemeinsamen Metropolregion City of Johannesburg. Es ist das Finanz- und Wirtschaftszentrum der Region, hier schießen die Wolkenkratzer in die Höhe.

PRETORIA

Südafrikas Hauptstadt ist keine besonders quirlige, sondern eher eine »gemessen« wirkende Metropole. Als Sitz des Parlaments, das in den historischen Union Buildings tagt, fungiert sie auch nur die Hälfte des Jahres als Kapitale; die restliche Zeit übernimmt dann Kapstadt diese Funktion. Gegründet wurde die Stadt im traditionellen Siedlungsbereich der Ndebele Mitte des 19. Jahrhunderts. Benannt ist sie nach General Pretorius, der in der Schlacht am Blood River über die Zulu siegte. Dass die jetzige Regierung ihre Hauptstadt umbenennen will, ist verständlich. Der neue Name Tshwane konnte sich allerdings bis jetzt noch nicht richtig durchsetzen. Obwohl Pretoria auf den ersten Blick ziemlich modern wirkt, sind auch noch zahlreiche Bauten aus der Gründungszeit ab Mitte des 19. Jahrhunderts erhalten, so zum Beispiel das verspielt wirkende Melrose House.

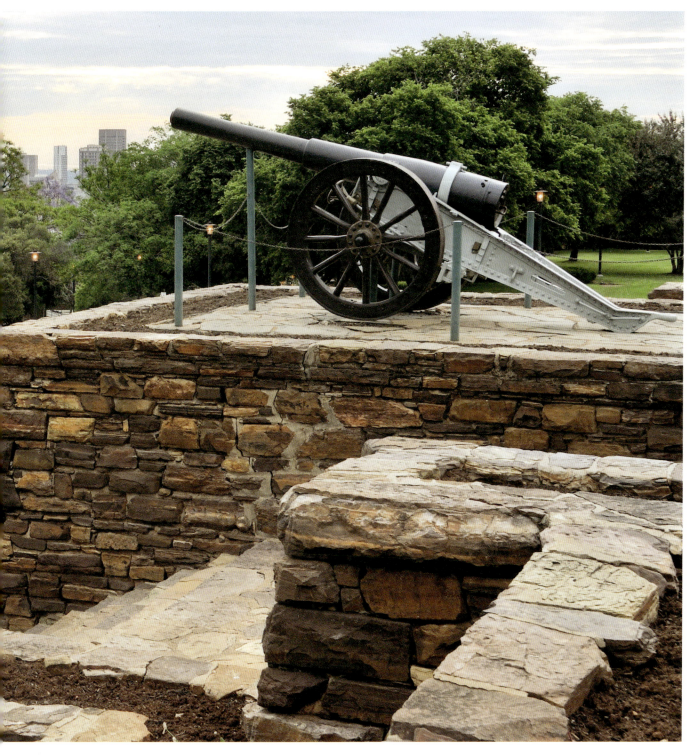

Von den Gärten der Union Buildings auf der Meintjieskop-Anhöhe blicken Südafrikas Parlamentarier auf die Hauptstadt Pretoria mit ihrem futuristischen Zentrum.

TOWNSHIPS

Obwohl es in der heutigen, offiziellen Sprachregelung Townships nicht mehr gibt und jedem Bewohner Südafrikas das Recht zusteht, sich niederzulassen, wo er möchte, gehören zu so gut wie jeder Stadt nach wie vor Siedlungen, in denen vorrangig Schwarze wohnen. Die Voraussetzungen für die Townships schuf der 1945 verabschiedete Natives Urban Areas Consolidation Act, in dem festgelegt wurde, dass nicht weiße Bevölkerungsgruppen getrennt von den Weißen leben mussten. Er hatte den Bau von Siedlungen zur Folge, in denen Schwarze, nach Ethnien gruppiert, an die Peripherie der weißen Städte gezwungen wurden. In den meisten gab es weder asphaltierte Straßen noch Strom, das Wasser lieferte ein zentraler Brunnen und die Ein-Zimmer-Häuschen besaßen keine Toilette. Die Mehrzahl der Schwarzen lebt bis heute unter ähnlichen Bedingungen, weil ihnen die finanziellen Mittel für besseren Wohnraum fehlen. Es gibt aber innerhalb der ehemaligen Townships auch Stadtviertel, in denen sich gut situierte Bewohner komfortable Villen errichten ließen. Südafrikas berühmteste Township ist Soweto – mit etwa 1,3 Millionen Einwohnern eine eigenständige Großstadt. Umgeben ist sie von Squattersiedlungen, also von improvisierten und zumeist illegalen Behausungen von Landflüchtigen oder Zuzüglern aus Nachbarländern.

Grün ist die Hoffnung – und die Zukunft: Im Alexandra Township in Johannesburg sorgen Solaranlagen auf den Dächern der dürftigen Unterkünfte für warmes Wasser. Das Stadtviertel mit seinen rund 200 000 Einwohnern liegt am meist sehr verschmutzten Jukskei River. Und wie so häufig zu beobachten: Direkt an Alexandra grenzt mit Sandton eines der wohlhabendsten Viertel der Metrolpolregion.

PRETORIA
VOORTREKKER MONUMENT

Das monumentale Denkmal auf einem Hügel am Stadtrand von Pretoria erinnert an die etwa 6000 Buren, die Mitte des 19. Jahrhunderts aus dem britisch besetzten Kapland flohen, um eine eigenständige Republik zu gründen. Viele Auswanderer kamen bei diesem »Großen« und den vielen folgenden kleineren Trecks bei Kämpfen mit Ndebele und Zulu, durch Raubtiere oder Hunger und Krankheit um. Die Ecken des 40 Meter hohen Granitbaus schmücken Statuen berühmter Voortrekker-Führer wie Andries Pretorius. Im Inneren erzählen 27 Marmortafeln die Geschichte des Großen Trecks. Eingerahmt ist das Monument von Steinreliefs der Ochsenwagen, die eine Wagenburg symbolisieren. Bedeutung hat das Monument auch als Gedenkort für die Schlacht am Blood River, bei der 470 Voortrekker dank ihrer überlegenen Bewaffnung eine deutliche Übermacht von 12 500 Zulu besiegten.

Der Architekt Gerard Moerdijk ließ 1835 bis 1854 das Voortrekker Monument errichten (links), das an den Großen Treck erinnern soll (unten, Battle of Blood River Monument). Eine wichtige Rolle spielt es beim »Tag des Gelöbnisses« am 16. Dezember, der dieser Schlacht gewidmet ist (ganz unten).

PRETORIA
DITSONG NATIONAL MUSEUM OF NATURAL HISTORY

Die 1892 gegründete, altehrwürdige Institution besitzt umfangreiche Sammlungen präparierter Säugetiere, Amphibien, Fische und Reptilien nicht nur aus dem südlichen Afrika, sondern aus allen Teilen der Welt. Besonders interessant sind die archäologischen Funde, die Anthropologen in der UNESCO-Welterbestätte »Wiege der Menschheit«, den Sterkfontein Caves bei Johannesburg, entdeckt haben. Darunter befindet sich »Mrs. Ples«, der ungewöhnlich gut erhaltene Schädel eines Australopithecus, der vor ca. 2,5 Millionen Jahren gelebt hat und als weitläufiger Vorfahre des Homo sapiens gilt – ob es sich dabei tatsächlich um eine Frau handelt, ist umstritten. Sehenswert ist auch die ornithologische Sammlung, von deren über 50 000 Exponaten nur ein Bruchteil gezeigt werden kann und die einen hervorragenden Überblick über den Vogelreichtum Südafrikas bietet.

Von präparierten Tiermodellen über prähistorische Fossilien und Rekonstruktionen archäologischer Stätten bis hin zu Skelettfunden von Hominiden aus den Sterkfontein Caves nordwestlich von Johannesburg vermittelt das Museum spannende Einblicke in die Naturgeschichte des Landes.

NADINE GORDIMER

»Die Wahrheit ist nicht immer schön, aber der Hunger nach ihr ist es.«

Nadine Gordimer (großes Bild) widmete ihr Leben und Werk der Kritik an der Apartheid. 1991 wurde sie mit dem Literaturnobelpreis ausgezeichnet (kleines Bild). Die Schwedische Akademie in Person ihres Ständigen Sekretärs Sture Allén (rechts im Bild) bestritt jedoch einen politischen Zusammenhang mit dieser Auszeichnung.

Geboren am 20. November 1923 in der Bergbaustadt Springs nahe Johannesburg, war Nadine Gordimer schon früh eine Außenseiterin: Als Tochter eines eingewanderten jüdischen Juweliers und einer Engländerin besuchte sie eine katholische Konventsschule, wuchs als Anglophone in einem von Buren geprägten Umfeld auf und wurde wegen einer vermeintlichen Herzschwäche jahrelang von ihrer Mutter zu Hause unterrichtet. Relativ isoliert, las sie viel und begann schon als Teenager, Kurzgeschichten zu schreiben. »Entzauberung«, ein autobiografisch gefärbter Roman über ein weißes Mädchen, das angesichts der Unterdrückung der Schwarzen desillusioniert ihr Heimatland verlässt, war 1953 ihr Debütwerk. Gordimer blieb, veröffentlichte Erzählungen, Essays und Romane über die zerstörerischen Folgen der Apartheid und erhielt wegen ihres Engagements für freie Meinungsäußerung mehrfach Publikationsverbote. Als liberale Weiße inmitten der zunehmend radikaler werdenden schwarzen Widerstandsbewegung der 1960er-Jahre war sie jedoch abermals isoliert. 1991, im Jahr der Abschaffung der Apartheidsgesetze, erhielt die als »Gewissen Südafrikas« bekannte Autorin, den Literaturnobelpreis und starb 2014 in Johannesburg.

JOHANNESBURG

Niemand weiß genau, wie viele Menschen zurzeit in Johannesburg leben. Die letzte Volkszählung ergab eine Zahl von rund 4,8 Millionen Bewohnern, aber wenn man das gesamte Einzugsgebiet mit den ehemaligen Townships in der nahen Umgebung hinzurechnet, dürfte die Zahl um ein Vielfaches höher sein. Die einheimische weiße Bevölkerung nennt die Stadt verkürzt »Jo'burg«, die Schwarzen »e'Goli« (»Stadt des Goldes«). Die Boomzeit begann 1886, als am Witwatersrand Goldvorkommen entdeckt wurden und binnen weniger Jahre eine Kleinstadt mit Theater, Schule und Krankenhaus entstand. Anfang des 20. Jahrhunderts lebten bereits rund 150 000 Weiße hier. Bis zum Ende des 20. Jahrhunderts wurden viele Goldminen direkt im Stadtgebiet ausgebeutet. In heutiger Zeit gelang Johannesburg der Wandel von der alten Goldgräberstadt zur Finanzmetropole Südafrikas.

Johannesburg ist eine der größten Städte des afrikanischen Kontinents. Am Abend zeigt sich die moderne Skyline von Downtown im Hintergrund der Nelson Mandela Bridge stimmungsvoll beleuchtet.

JOHANNESBURG: MUSEEN

Viele Museen in Johannesburg widmen sich der jüngeren Geschichte Südafrikas: Das Apartheid Museum am Stadtrand nähert sich Themen wie Apartheid, Lebensbedingungen und Arbeitswelt der Schwarzen auf beklemmende Weise und versetzt den Besucher zum Beispiel durch Film- und Hördokumente in die bedrückende Atmosphäre jener Zeit der Unterdrückung und Proteste. Ferner wird auch Nelson Mandelas Lebensweg und seine Präsidentschaft dargestellt. Apartheid und der Kampf gegen die Rassentrennung sind ebenfalls Thema des Komplexes MuseuMAfricA. Auch hier werden die Brutalität des Polizeiapparats und die alle Bereiche durchdringende Ideologie sowie die Prozesse gegen die ANC-Führer anschaulich gezeigt. Aber auch ganz andere Aspekte beleuchten die Ausstellungen wie die Bereiche Musikkultur und die reiche Geschichte Afrikas.

Den Lebensbedingungen der Schwarzen während der Apartheid und der Person Nelson Mandelas widmet sich das Apartheid Museums (unten und links oben). Das Ditsong National Museum of Military History zeigt historische Exponate wie eine Messerschmitt Bf-109 F2 (links unten).

SOWETO

Mit dem Namen »Soweto« ist eines der dramatischsten Ereignisse des Apartheidregimes verbunden: Hier fand am 16. Juni 1976 jene Schülerdemonstration statt, die den ersten Aufstand der unterdrückten schwarzen Mehrheit auslöste. Bis zu 200 Jugendliche kamen bei den Auseinandersetzungen ums Leben, blutig niedergeschlagen von der Polizei. Dieses Ereignis bedeutete einen wichtigen Wendepunkt im Kampf um Gleichberechtigung und Freiheit. Nach dem – das Ende der Apartheid markierenden – Sieg des African National Congress (ANC) bei den ersten freien Wahlen in Südafrika im April 1994 hat sich auch das Leben in der rund 15 Kilometer südwestlich vom Zentrum Johannesburg entfernt liegenden, aus etwa 50 kleineren Siedlungen zu einer riesigen Vorstadt zusammengewachsenen »South Western Township« (abgekürzt: »Soweto«) verändert. Zur Fußball-WM 2010 wurde das hier gelegene Fußballstadion, Soccer City (offiziell: FNB-Stadion) genannt, ausgebaut. Als größtes Fußballstadion Afrikas mit knapp 95 000 Plätzen fanden hier nicht nur Eröffnungs- und Finalspiel statt, es wird auch für Konzerte genutzt. Nelson Mandelas erste Rede nach seiner Freilassung hielt er in dem Rund, und auch der Gedenkgottesdienst nach seinem Tod wurde hier gefeiert.

In Soweto fanden viele Schlüsselereignisse im Anti-Apartheids-Kampf statt, allen voran der Aufstand schwarzer Jugendlicher im Juni 1976 gegen die Einführung der Burensprache Afrikaans im Schulunterricht (großes Bild). Auf kulturelle Selbstbestimmung und traditionelle Bräuche wie die feierliche Aufnahme in den Kreis der Erwachsenen legt man viel Wert (unten).

SOWETO

Urbaner Alltag im Herzen von Soweto: Inmitten bunter Straßenstände zeigt sich das unverfälschte Südafrika.

MUSIKALISCHES SÜDAFRIKA: »TOWNSHIP JIVE«

Von den Townships gingen wichtige musikalische Impulse aus: Sie waren die Wiege einer musikalischen Revolution, mit der die schwarze Bevölkerungsmehrheit ihre Fusion tradierter Musikstile mit den von den Weißen importierten Formen des Jazz vollzog. Der in Südafrika unter seinem Zulu-Namen »Mbaqanga« bekannte, weltweit »Township Jive« genannte Musikstil entwickelte sich mit der Urbanisierung Südafrikas in den Wohngebieten der Schwarzen, vorrangig in den 1960er-Jahren in den Townships von Johannesburg. Gespielt wurde der Jive auf westlichen Instrumenten wie E-Gitarren, Bass und Saxofon, oft untermalt mit dem hellen Stakkato der Pennywhistle, einer aus Blech gearbeiteten Flöte, und begleitet von kraftvollem Gesang. Treibende Rhythmen verliehen dem Jive seinen unwiderstehlichen Schwung. Lange blieb diese Bewegung auf ihr schwarzes Umfeld beschränkt;

weiße Radiostationen weigerten sich, den Jive zu senden. So lebten die ersten Stars des Mbaqanga wie Mahlatini, der »Löwe von Soweto«, trotz ihrer Berühmtheit in Armut. Der internationale Durchbruch gelang dem Musikstil in den 1960er-Jahren mit Miriam Makeba, die im Prospect Township bei Johannesburg geboren wurde und lange im Exil lebte. Heute haben Musikstile wie Hip-Hop oder Reggae den Jive abgelöst.

Musik ist ein fester Bestandteil des Alltags in den Townships. Auch wenn Musikstile wie House, Techno oder Hip-Hop dem »Township Jive« inzwischen den Rang abgelaufen haben, kombinieren Musiker und DJs bei Auftritten noch immer traditionelle Rhythmen mit modernen Klängen.

MIRIAM MAKEBA

»Musik ist meine Waffe. Musik ist die Essenz meines Lebens.«

Miriam Makeba während eines Auftritts in Paris im Mai 1967 (großes und kleines Bild). Im selben Jahr erschien ihr größter internationaler Hit, das auf isiXhosa geschriebene Lied »Pata Pata« über einen in Johannesburg populären Tanz der 1950er-Jahre. Der Song schaffte es auf Platz 12 der US-Charts.

Miriam Makebas Welthit »Pata Pata« (1967) kennen viele. Ihr lebenslanger Kampf gegen Unterdrückung und Rassismus ist jedoch nicht jedem bekannt. Makeba kam 1932 als jüngstes von sechs Kindern in einem Johannesburger Slum zur Welt. Mit ihrer Mischung aus Jazz, Pop und traditioneller afrikanischer Musik wurde sie in den 1950er-Jahren in Südafrika populär und durch ihre Rolle im Anti-Apartheid-Film »Come Back, Africa« später auch international bekannt. Nachdem ihr die südafrikanische Regierung wegen ihres politischen Engagements die Rückreise zur Beerdigung ihrer Mutter verweigert hatte, blieb sie in den USA. Hier veröffentlichte sie mehrere erfolgreiche Alben, darunter »An Evening With Belafonte/Makeba« (1965), gemeinsam mit ihrem Freund und Mentor Harry Belafonte, für das sie 1966 den Grammy gewann. Gegen das Apartheid-Regime trat sie u. a. 1963 vor den Vereinten Nationen ein und lebte in den folgenden Jahren im Ausland. 1990 kehrte sie auf Bitten von Nelson Mandela nach Südafrika zurück, wo sie ihre Musikkarriere fortsetzte. 2008 verstarb die von ihren Landsleuten achtungsvoll »Mama Africa« genannte Künstlerin an einem Herzinfarkt.

MADIKWE GAME RESERVE

Madikwe im Norden der Provinz Nordwest an der Grenze zu Botsuana wurde erst 1991 auf ehemaligem Farmland eingerichtet und zählt zu den wenig bekannten Schutzgebieten Südafrikas. In der Region geht das Bushveld in die Kalahari über, sodass hier sowohl Buschbewohner wie auch wüstenangepasste Tiere leben können. In einer aufsehenerregenden, sieben Jahre dauernden Umsiedlungsaktion wurde damals Wild aus anderen Naturschutzgebieten und aus den Nachbarländern in das neue Game Reserve gebracht – 180 Elefanten kamen aus Simbabwe, die Löwen aus dem Etoscha-Nationalpark in Namibia. Heute zählt Madikwe mehr als 12 000 Tiere, darunter Vertreter der »Big Five« sowie mehrere Rudel der äußerst seltenen und vom Aussterben bedrohten Afrikanischen Wildhunde, deren Sichtung zu den Höhepunkten einer Pirschfahrt durch das Game Reserve zählt.

Hier sind sie zu Hause, die »Big Five«, die jeder Südafrikareisende vor die Fotolinse bekommen möchte. Neben großen Tieren wie Elefanten bevölkern auch viele Wildhunde und Impalas das Madikwe Game Reserve. Unterkünfte gibt es zur Genüge – von der einfachen Holzhütte bis zur Luxuslodge.

SUN CITY

Die afrikanische Antwort auf Las Vegas heißt Sun City. Nicht zufällig wurde die im Jahr 1977 erbaute Fantasiestadt im Nordwesten von Johannesburg in der zeitgleich für unabhängig erklärten Republik Bophuthatswana, einem ehemaligen Homeland, errichtet. Hier galten liberalere Gesetze für das Glücksspiel, auch die Apartheid betreffend. So wurde Sun City nicht nur zum Spielerparadies, sondern auch zu einem Fluchtpunkt für multikulturelle Paare, die ihre Beziehung hier ganz offen leben konnten. Im Jahr 1992 wurde der Glücksspiel- und Hotelkomplex schließlich noch durch »Lost City« erweitert, das in Disneyland-Manier die Kulturen Afrikas vorstellt. Ein – vom Tonband – mit Tierstimmen beschallter Regenwald sowie eine paradiesische künstliche Meereslagune komplettieren das Klischeebild vom Schwarzen Kontinent rund um das luxuriöse Hotel »The Palace«.

Traumpaläste und Spielhöllen: Sun City, etwa 150 Kilometer nordwestlich von Johannesburg und Pretoria gelegen, ist eine Märchenstadt der Zocker, eine schillernde Geldmaschine mit dem einstmals größten Casino der Welt und luxuriösen Hotels wie dem prunkvollen »The Palace«.

PILANESBERG NATIONAL PARK & GAME RESERVE

Direkt angrenzend an Südafrikas Freizeit- und Casinoparadies Sun City liegt der Pilanesberg National Park. Seine Gründung Ende der 1970er-Jahre war Vorbild für viele andere Schutzgebiete: Farmland wurde vom Staat aufgekauft, das Areal wildsicher eingezäunt und mittels Straßen und Lodges erschlossen. Im Rahmen der »Operation Genesis« wurden 6000 Tiere nach Pilanesberg gebracht. Game Drives durch den Park haben häufig den Mankwe Dam zum Ziel, einen künstlich angelegten See, an dem sich das Wild zum Trinken versammelt. An seinem Ufer sind Elefanten, Wasserböcke, Gnus, Zebras und Impalas bestens zu beobachten. Zum Wildbestand des Reservats zählen auch Löwen, Leoparden, Büffel und Nashörner sowie Afrikanische Wildhunde.

Einer der größten erloschenen Vulkane der Erde ist heute die Heimat von über 360 Vogelarten sowie zahlreichen Säugetieren wie dem Afrikanischen Wildhund.

HARTBEESPOORT DAM RESERVOIR

Der zu Beginn des 20. Jahrhunderts angelegte Stausee unweit von Pretoria zählt zu den beliebten Ausflugszielen der Hauptstädter. Bootfahren, Windsurfen und Jetskifahren sind nur einige der Sportarten, die Aktive auf seiner Oberfläche ausüben; Wagemutige betrachten die Szenerie des zwischen den Margaliesbergen glitzernden Sees vom Heißluftballon aus. Eine Seilbahn bringt Fahrgäste auf die Magaliesberge in rund 1800 Meter Höhe. Das Wasser der aufgestauten Magalies und Crocodile River dient zur Bewässerung des umliegenden Landes; es ist allerdings durch Phosphate und Abwässer, die im Einzugsgebiet der beiden Flüsse eingeschwemmt werden, stark belastet. Dieser Belastung verdanken die Flüsse auch ihre leuchtend oder besser »giftgrüne« Farbe.

Giftgrün im wahrsten Sinne des Wortes stürzt sich das Wasser am Hartbeesport Dam durch die Schleusen der 59 Meter hohen Staumauer.

BLOEMFONTEIN

Bloemfontein (»Blumenquelle«) liegt zentral im Hochveld auf einer Höhe von 1392 Metern. Die Kapitale der Provinz Free State wurde um das Jahr 1840 als Farm gegründet. Sehr schnell, 1854, wurde die entstandene Siedlung Hauptstadt des Oranje-Freistaats und war deshalb im Zweiten Burenkrieg (1899–1902) stark umkämpft. Zur Abwendung weiterer Zerstörungen erklärten die Bürger Bloemfontein 1900 zur »offenen Stadt« und ließen die belagernden Engländer ein. Sehenswerte Museen und historische Bauten sorgen für Bloemfonteins Anziehungskraft. Diese hängt auch damit zusammen, dass hier 1892 J. R. R. Tolkien geboren wurde, der mit seinem weltberühmten Roman »Der Herr der Ringe« einen Klassiker des Fantasygenres geschaffen hat. Allerdings übersiedelte er nach dem Tod seines Vaters mit seiner Familie bereits im Alter von drei Jahren nach England.

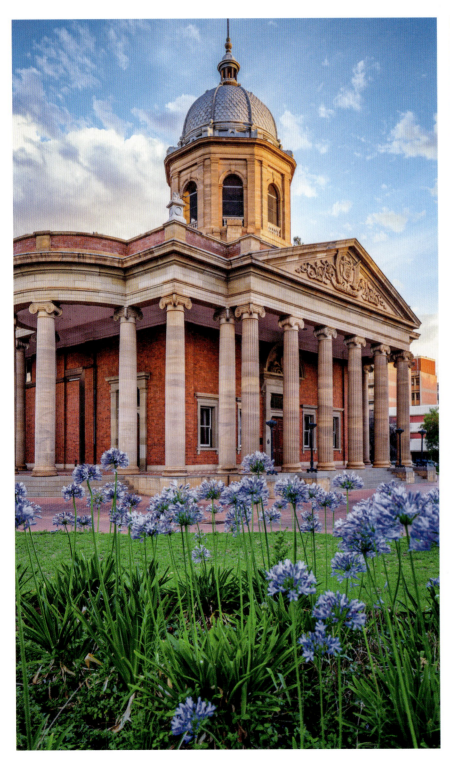

Prächtig erhebt sich der Parlamentsbau Fourth Raadsaal in den blauen afrikanischen Himmel (unten links). Auch Bloemfontein ist für die Buren ein historisch bedeutsamer Ort. Zudem wurde mit dem Supreme Court of Appeal hier Südafrikas höchster Gerichtshof angesiedelt (unten).

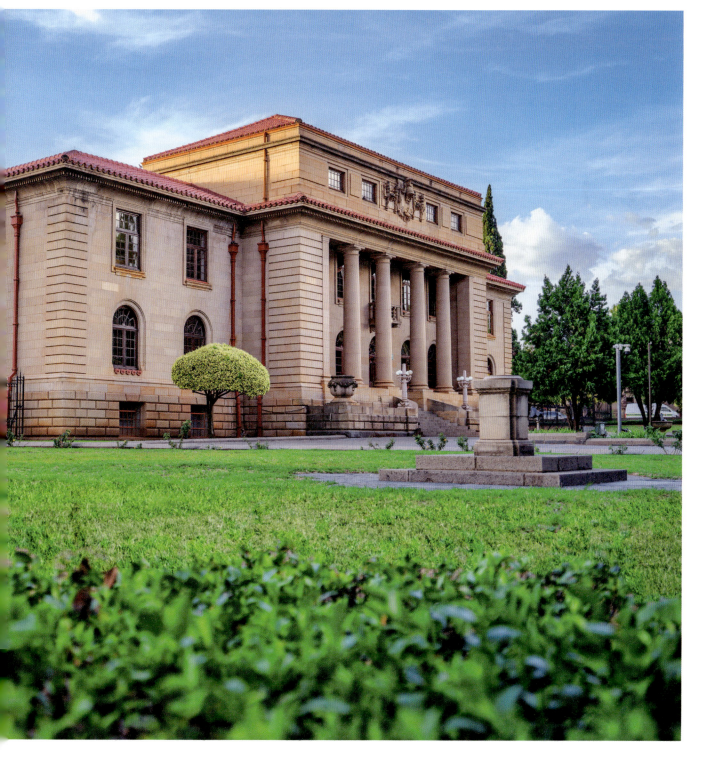

EASTERN FREE STATE

Ländliches Idyll empfängt den Besucher im Eastern Free State. In Farmerstädtchen wie Ficksburg oder Fouriesburg scheint sich seit deren Gründung Ende des 19. Jahrhunderts kaum etwas verändert zu haben. Historische Sandsteinbauten prägen das Ortsbild, und die Menschen pflegen bäuerliche Traditionen wie das alljährliche Kirschenfest im November. Zu eigenwilligen Formen erodierte Sandsteinfelsen verleihen dem weiten, landwirtschaftlich genutzten Becken nördlich des Hochlands von Lesotho einen besonderen Reiz. Obwohl die Region auf den ersten Blick so friedlich wirkt, ist sie ein Ausflugsziel für Aktivsportler, die in den Gebirgszügen von Rooi- und Wittenbergen wandern oder klettern. Wildwasserfahrer messen ihr Können an den Stromschnellen des Ash River. Nicht weit entfernt lockt der Golden Gate Highlands National Park mit grandioser Landschaft und großem Wildreichtum.

Landwirtschaft mit Kornfeldern bestimmt das Gesicht im Osten der Provinz Freistaat rund um die Kleinstadt Fouriesburg. Die Gegend gilt als »Kornkammer Südafrikas«. Nur die flachen Basalthügel lassen erahnen, dass man sich immer noch in Afrika befindet.

GOLDEN GATE HIGHLANDS NATIONAL PARK

Mit sanft gewellten Hügeln und schroffen Sandsteinklippen bieten die Maluti Mountains einen faszinierenden Rahmen für den artenreichen, dabei aber selten besuchten Nationalpark im Eastern Free State. Dank der nur mit Gras und vereinzelten Akazien bestandenen Hänge und Täler ist das Wild schon von Weitem auszumachen. Besonders viele Antilopenarten sind im Grasland beheimatet, darunter Blessbock, Oribi, Eland und Bergriedbock. Auch Steppenzebras und Warzenschweine lassen sich gut beobachten. Obwohl der Vogelreichtum bei Weitem nicht mit Naturschutzgebieten im Tiefland vergleichbar ist, haben zwei besonders seltene Spezies im Golden Gate ihren Lebensraum: der Bartgeier und der Waldrapp. Auf gut angelegten Wanderwegen kommen Besucher der Tierwelt nahe und erkunden die vielen Höhlen und Unterstände, in denen San Felsbilder hinterlassen haben.

Die monumentalen Sandsteinformationen am Fuß der Maluti-Berge im Zentrum Südafrikas entfalten ihren ganzen Zauber erst in der Abenddämmerung. Dann überzieht sie die Sonne mit einer goldenen Schicht und lässt sie glänzen, als sei eine Schatztruhe geöffnet worden.

GOLDEN GATE HIGHLANDS NATIONAL PARK

Einsam und friedvoll ist der Nationalpark bei Sonnenaufgang. Sobald sich die Sonne über die Sandsteinfelsen erhebt, entfaltet die Umgebung ihre »goldene« Aura.

DIE BASOTHO

Die Vorfahren des heute als Basotho bezeichneten Staatsvolks von Lesotho lebten bereits ab dem 17. Jahrhundert im südlichen Afrika. Den Zusammenschluss zu einer Nation vollzogen sie allerdings erst in der ersten Hälfte des 19. Jahrhunderts unter dem Eindruck der Eroberungszüge der Ndebele und Zulu, die kleinere Ethnien verdrängten oder mit deren Unterwerfung endeten. Der einzige Anführer, der der Übermacht der Zulu standhielt, war der Bakoena-Herrscher Moshoeshoe I. Auf dem Gebiet des heutigen Lesotho gelang es ihm, mehrere Sotho-Volksgruppen mit seinen Bakoena zu vereinen und damit die Basotho zu formen. Geschickt und durchaus kampfbereit widersetzte er sich sowohl den Ansprüchen der Zulu wie jenen der Buren, die das Hochland Lesothos ebenfalls bedrängten. 1868 begab er sich deshalb sogar unter den kolonialen Schutz der Briten, die seinem Reich weitgehende Autonomie garantierten. Der König wird als Gründervater Lesothos bis heute tief verehrt. Obwohl die Basotho bereits früh christianisiert wurden – einer der Missionare fungierte sogar als eine Art Außenminister Moshoeshoes –, haben sie die traditionelle, in Verwandtschaftsverbänden organisierte Gesellschaftsstruktur und viele althergebrachte Glaubensvorstellungen bewahrt.

Die meisten Basotho-Dörfer bestehen aus runden, strohgedeckten Hütten (rechts). Bands wie »Sotho Sounds« aus Malealea halten kulturelle Traditionen am Leben, indem sie traditionelle Kleidung wie Basotho-Decken (Kobo) und -Hüte (Mokorotlo) sowie selbst gebaute Instrumente mit Lesotho-Klängen, »Township Jive« und südafrikanischem Hip-Hop kombinieren (unten).

LIMPOPO UND MPUMALANGA

Mpumalanga, in der Sprache der Swasi der »Ort, an dem die Sonne aufgeht«, nimmt zusammen mit der Nachbarprovinz Limpopo den Nordosten Südafrikas ein. Die Region präsentiert sich vielseitig: Die majestätische Gebirgskette der im Süden über 3000 Meter hohen Drakensberge, die von ungewöhnlichen Erosionsskulpturen, reißenden Flüssen und tief eingeschnittenen Schluchten geprägt sind, geht hier schroff in die Ebene des Lowveld über. Das mit Busch und Mopanebäumen bestandene Tiefland ist Heimat des berühmten Kruger-Nationalparks und weiterer wildreicher Game Reserves.

Der Blyde River Canyon ist einer der größten und grünsten Canyons der Welt und zählt zu den großen Naturwundern Afrikas. Er erstreckt sich über 26 Kilometer und bietet atemberaubende Aussichten, wie die Three Rondavels und God's Window.

NDEBELE

Etwa im 16. Jahrhundert wanderten die Ndebele in ihre südafrikanischen Siedlungsgebiete ein. Unter der Knute der Apartheid wurde ihnen das Homeland Kwa Ndebele nördlich der Hauptstadt Pretoria zugewiesen. Dort leben viele der rund 1,1 Millionen Ndebele noch heute. Die meisten Dörfer sind nur von Frauen, Kindern und Alten bewohnt – die Männer müssen auch im neuen Südafrika zur Arbeit in die Industriezentren ziehen. Doch trotz der Einschränkung des Lebensraumes und der Zerrissenheit der Familien haben die Traditionen der Ndebele – vor allem ihre Liebe zu kunstvoll-grafischem Körper- und Wandschmuck – in den Enklaven alle Veränderungen überdauert. Die Tradition der Fassadenmalerei ist so alt wie das Volk, manche Muster wurden von Generation zu Generation weitergegeben. Andere wiederum entstehen unter dem Eindruck der Neuzeit, abstrahieren moderne Errungenschaften wie Auto und Fernsehen, modifizieren Gegenstände des Alltags. Jedes Haus trägt die persönliche Note seiner Bewohner, doch die Muster verändern sich, werden erneuert und übermalt, etwa wenn bedeutende rituelle Ereignisse stattfinden. Lebendige Kunst im Wandel der Zeit sind die Malereien der Ndebele; zugleich bewahren sie die Tradition vorhergehender Generationen.

Abstrakte Muster und strahlende Farben zeichnen die Wandmalereien, den Schmuck und die Kleidung der Ndebele aus. Ursprünglich malten sie mit Erdfarben; heute mischen sie moderne Acrylfarben, die vom Regen nicht so leicht abgewaschen werden, mit Lehm. Die Farbigkeit übernahmen sie von portugiesischen Seefahrern, die im 16. Jahrhundert bunte Glasperlen mitbrachten.

MAGOEBASKLOOF

Benannt ist der Magoebaskloof nach einem Zulu-Führer, der burischen Verbänden lange die Stirn bot, bevor diese ihn 1895 in der Schlucht stellten und töteten. Besondere klimatische Bedingungen und häufiger Nebel begünstigen in der Gebirgsregion der nordöstlichen Drakensberge eine üppige, fast urwaldartige Vegetation. Im eher kargen Bushveld der Provinz Limpopo gelegen, beherbergt die von kristallklaren Bächen durchflossene Oase eine artenreiche Vogelwelt. Gelbstreifenbülbül, Bergbussard und Olivwürger sind nur einige der hier vorkommenden Arten. Zahlreiche Wanderwege führen durch die von Lianen und Farnen überwucherten Täler und zu den Wasserfällen Debegeni Falls. Besonders abenteuerlich ist eine Canopy-Tour mit dem Flying Fox, dessen Drahtseil über insgesamt 13 Plattformen kreuz und quer über das Tal und den Groot Letaba River führt.

»Land des Silbernebels« wird die waldreiche Region Magoebaskloof auch genannt, weil sie viele Tage des Jahres in einen sanften Nebelschleier gehüllt ist. Der endemische Wald zeigt sich dicht und verworren, voller Lianen, Pilze und Farne und durch kristallklare Bäche verwoben.

MAGOEBASKLOOF

Die Feuchtigkeit der vielen Nebel hat einen üppigen afromontanen Wald geschaffen, der eine abwechslungsreiche grüne Oase bildet.

MARAKELE NATIONAL PARK

Der 1994 eingerichtete, relativ unbekannte Nationalpark geriet 1999 in den Fokus der südafrikanischen Öffentlichkeit. Damals kämpften Tierschutzorganisationen gegen einen professionellen Wildfänger und -makler, der 30 in Botsuana gefangene Jungelefanten erworben und unter unzumutbaren Bedingungen in Südafrika untergebracht hatte, um sie weiterzuverkaufen. Sieben dieser Tiere gingen an deutsche und Schweizer Zoos und weitere 14 waren bei verschiedenen Safariveranstaltern gelandet, bevor das Oberste Gericht in Pretoria den Tierschützern Recht gab und den Händler wegen Verstößen gegen den Artenschutz verurteilte. Die verbliebenen 14 Elefanten wurden in Marakele ausgewildert. Mit seinen Grassavannen und den mit Yellowwood, Zedern und mächtigen Palmfarmen bestandenen Tälern am Fuß der Waterberge stellt es ein ideales Habitat für die grauen Riesen dar.

Der ganze Reigen der afrikanischen Wildtiere ist im Marakele-Nationalpark zu beobachten. Und zu den Stars des Parks gehören die vielen Elefanten (unten). Ebenfalls zu entdecken: Klippschliefer, die erstaunlicherweise eng mit Elefanten verwandt sind (links).

MAPUNGUBWE NATIONAL PARK

Den Mapungubwe-Nationalpark zeichnen Artenreichtum, landschaftliche Schönheit und eine große kulturelle Bedeutung aus. Seinen Kern bildet der Hügel der zum UNESCO-Weltkulturerbe erklärten Königsstadt Mapungubwe, die zwischen dem 11. und 13. Jahrhundert Mittelpunkt eines mächtigen Reiches mit bis nach Asien reichenden Handelsbeziehungen war und dem Park den Namen gab. Sandsteinhügel, Mopanebaum-Savanne, gigantische Baobabs und tiefgrüne Galeriewälder entlang des Limpopo- und des Shashe-Flusses bieten verschiedensten Tierarten einen Lebensraum. Krokodile und Flusspferde suhlen sich in Wasserlöchern und Flussläufen, Breitmaulnashörner, Elefanten, Giraffen und Großantilopen wie Elen, Kudu oder Spießbock durchstreifen die Savanne. Leoparden, Löwen und Hyänen gehen in dem über 28 000 Hektar großen Areal auf Jagd.

Im Mapungubwe-Nationalpark finden sich beeindruckende Felsformationen, archäologische Stätten und eine reiche Tierwelt. Besonders die majestätischen Baobab-Bäume, mit ihren breiten Stämmen und langen Ästen, prägen die Landschaft.

MAKALALI GAME RESERVE

Makalali ist eines der vielen privaten Game Reserves im Umkreis des Kruger-Nationalparks. In der charakteristischen Landschaft des Lowvelds leben bis auf Büffel alle Großwildarten, die auch im Kruger beobachtet werden können. Eine Besonderheit des Game Reserve ist seine Familienfreundlichkeit: Während in den meisten anderen privaten Schutzgebieten Kinder unter zwölf Jahren nicht aufgenommen werden, unterhält Makalali seine kleinen Gäste mit einem besonderen Betreuungsangebot. Engagiert zeigt sich das Unternehmen auch in der Ausbildung von Volunteers: In einem einwöchigen Programm trainieren Freiwillige das Verhalten in der freien Wildbahn und den Umgang mit den Tieren. Sie nehmen auch an Projekten wie Wildzählungen oder Verhaltensbeobachtung teil und erleben so die arbeitsreiche Realität, die touristische Wildbeobachtung erst möglich macht.

Von oben: Gnus fallen dem Besucher des Makalali Game Reserve gleich ins Auge, auch der Grautoko mit seinem imposanten Schnabel ist ein Hingucker. Flusspferde zählen zu den gefährlichsten Tieren Afrikas. Der Maskenweber ist für seinen extravaganten Nestbau bekannt (ganz unten und großes Bild).

LIMPOPO UND MPUMALANGA

MAKALALI GAME RESERVE

Giraffen werden im Durchschnitt bis zu fünf Meter groß. Dadurch kommen sie selbst bis an die höchsten Baumwipfel heran.

DIE »BIG FIVE«: NASHÖRNER

Die am heftigsten von Wilderern verfolgten Vertreter der »Big Five« standen in den Ländern des südlichen Afrika kurz vor der Ausrottung. Von dem als sanftmütiger geltenden Breitmaulnashorn lebten zu Beginn des 20. Jahrhunderts ganze 50 in freier Wildbahn; sein aggressiverer Artgenosse, das Spitzmaulnashorn, erlebte zwischen 1970 und 1993 einen Niedergang von 65 000 auf 2300 Exemplare. Dank privater wie staatlicher Schutzbemühungen haben sich die Bestände mittlerweile erholt und stabilisiert. Man schätzt, dass heute rund 16 800 Breitmaul- und rund 6500 Spitzmaulnashörner durch Afrikas Savannen streifen, die große Mehrheit, fast 70 Prozent, in Südafrika. Wilderer verfolgen die Tiere wegen ihres Horns, das im Jemen zu Dolchgriffen und in Ostasien zu Pulver verarbeitet wird, das nach Lehrmeinung der traditionellen chinesischen Medizin gegen Fieber helfen soll.

Preise von mehr als 50 000 US-Dollar für ein Kilo Horn sind nicht ungewöhnlich. Wurden die Rhinos früher meist von Einzeltätern verfolgt und aufgespürt, operieren Wilderer heute in gut organisierten Gruppen mit moderner Navigation und Waffen, oft sogar vom Hubschrauber aus. Die Zahl der in Südafrika getöteten Tiere ist leider in den letzten Jahren wieder gestiegen, von 2022 auf 2023 um 11 Prozent auf 499 durch Wilderer getötete Nashörner.

Ein imposantes Statussymbol für das Tier, das ihm immer wieder zum Verhängnis wird: Da das Horn der Nashörner eine solch begehrte Beute ist, sind einige Wildreservate dazu übergegangen, ihre Nashörner selbst zu enthornen, um den Wilderern keinen Anreiz zu bieten.

KAPAMA GAME RESERVE

Auch das Kapama Game Reserve zählt zu den vielen privaten Schutzgebieten in der Nähe des Kruger-Nationalparks. Das Reservat entstand ab 1986 auf dem Gelände mehrerer Farmen, die sich nicht mehr zur Rinderzucht eigneten. Auf dem 15 000 Hektar großen, mit trockener Baumsavanne bestandenen Areal leben mit Elefanten, Nashörnern, Büffeln, Löwen und Leoparden die »Big Five«, außerdem zeigen sich Hyänen, der seltene Erdwolf und auch Geparde. Neben den normalen Pirschfahrten im offenen Geländewagen am frühen Morgen oder am späten Nachmittag/Abend können Gäste von Kapama auch begleitete Wildniswanderungen unter der Leitung eines erfahrenen Führers unternehmen – eine ganz besondere Erfahrung, denn hier werden die traditonellen Techniken des Fährtenlesens sowie die Bedeutung der verschiedenen Pflanzen für die einheimische Bevölkerung erklärt.

Bei einer Tour durch das Kapama Game Reserve hat man die Möglichkeit, auch eher scheue Zeitgenossen wie den Karakal zu beobachten. Diese auch als »Wüstenluchs« bekannte Raubkatze ist ein vor allem nachtaktiver Jäger.

KRUGER NATIONAL PARK

Der Kruger-Nationalpark ist das beliebteste Touristenziel Südafrikas und ein wichtiger Devisenbringer: Im Jahr 1898 wurde das vielleicht tierreichste Schutzgebiet des Schwarzen Kontinents eingerichtet; etwa 2000 Kilometer Pisten und Teerstraßen erschließen die knapp 20 000 Quadratkilometer große Wildnis, mehr als 20 »Rest Camps« – vom einfachen Zeltlager bis zum Luxuscamp – bieten Unterkunft. Von den Dornbuschsavannen des Nordens wird die Vegetation nach Süden hin immer dichter: Mopanewälder, weite, grasbestandene Ebenen und dichte Akazienhaine sind der Lebensraum von Breit- und Spitzmaulnashörnern, Elefanten, 20 verschiedenen Antilopenarten und 1500 Löwen. Büffel wandern durch den Busch, Giraffen knabbern an den Blättern einer Schirmakazie und die mit mehr als 500 Arten überaus reiche Vogelwelt sorgt für ein unterhaltsames Konzert.

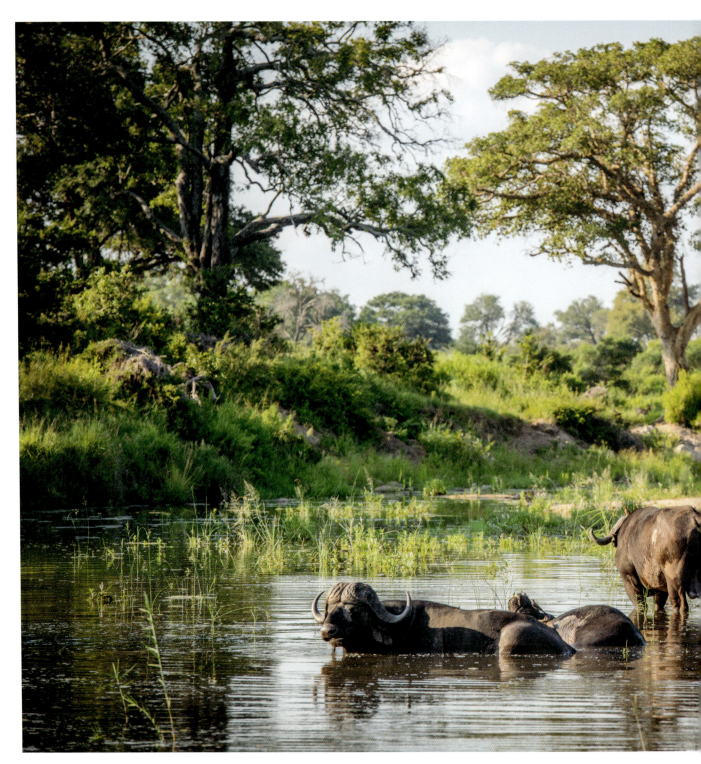

Entspannt verbringen Kaffernbüffel die heißen Stunden im Wasser (links). Sie zählen zu den »Big Five« der afrikanischen Savanne. Die anmutigen Impalas (unten) sind sehr soziale Tiere und leben in großen Herden, was sie zu einem häufigen und faszinierenden Anblick im Nationalpark macht.

DIE »BIG FIVE«: LÖWEN

Die Begegnung mit Löwen zählt zu den Höhepunkten der Wildbeobachtung in Südafrika, doch macht der König der Tiere die meiste Zeit des Tages einen ziemlich trägen Eindruck. Am liebsten ruht er im Schatten unter einem Baum oder verschafft sich müde blinzelnd von einer kleinen Anhöhe aus einen Überblick über das Geschehen um ihn herum. Das dominante Männchen ist dabei meist von seinem Weibchenrudel begleitet. Doch selbst in diesem Zustand machen die Raubtiere einen überaus imposanten Eindruck. Auf Jagd begeben sich Löwen in der Dämmerung. Dann kreisen die Weibchen das Wild ein, trennen es von seiner Herde und erlegen es mit einem Biss in den Hals oder einem erstickenden Biss in die Nüstern. Ob und wie häufig auch die Männchen jagen, ist von Region zu Region unterschiedlich. Anders als die meisten Raubkatzen leben Löwen in größeren Rudelgemeinschaften, zu denen Weibchen mit ihren Jungen sowie ein bis mehrere Männchen zählen. Lebensraum der Löwen sind Gras- und Baumsavannen, allerdings gibt es auch Untergattungen, die sich besonderen Umweltbedingungen angepasst haben. Zu diesen zählen beispielsweise die in der Kalahari lebenden Löwen. Sie sind kleiner als ihre Artgenossen aus der Savanne, weisen eine helle, fast sandfarbene Fellfärbung auf und tragen eine mächtige, dunkle Mähne.

Die Könige der Tierwelt: Dieses zärtliche Bild kann nicht darüber hinwegtäuschen, dass Löwen unbarmherzige Jäger sind. Die Jagd übernehmen fast ausschließlich die Weibchen, die den Männchen beim Fressen aber den Vortritt lassen.

KRUGER NATIONAL PARK
LANNER GORGE

Die elf Kilometer lange und 150 Meter tiefe Schlucht im wenig besuchten Norden des Kruger-Nationalparks wurde durch die erosive Kraft des Luvuvhu River geformt. Ihre Gesteinsschichten stammen aus der Kinderstube der Erde, wie in den Wänden entdeckte Dinosaurierfossilien und Sandrosen zeigen. Aus Kieselsteinen gearbeitete Werkzeuge wie Faustkeile und Steinäxte sind Zeugnisse der Besiedlung in der Altsteinzeit. Da ältere Funde fehlen, nimmt die Wissenschaft an, dass die Schlucht vor etwa zwei Millionen Jahren entstanden ist. Das Flusstal ist stellenweise so schmal, dass größere Säugetiere sich darin nicht aufhalten können – Elefanten und Büffeln begegnet man bei einer Wildniswanderung deshalb nur am Schluchtein- und -ausgang. Eine Gefahr für Wanderer stellen die Flussquerungen dar, denn im Luvuvhu leben Krokodile und Flusspferde.

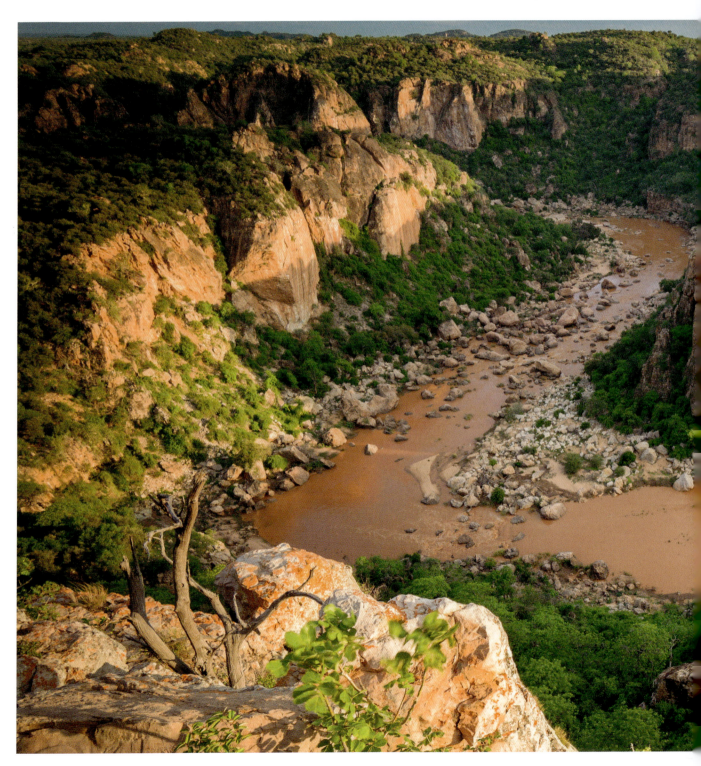

Die Lanner Gorge im nördlichen Teil des Kruger-Nationalparks ist ein spektakuläres Naturwunder. Diese beeindruckende Schlucht, die durch den mächtigen Luvuvhu-Fluss geformt wurde, bietet atemberaubende Ausblicke auf steile Klippen und üppige Vegetation.

PAUL KRUGER

»Wenn ich diesen kleinen Teil des Lowvelds nicht schütze, werden unsere Enkelkinder nicht wissen, wie ein Elefant, Löwe oder Kudu aussieht.«

Er war Gründer des Kruger-Nationalparks, Namensgeber des Krugerrands und eine Schlüsselfigur in der südafrikanischen Politik des 19. Jahrhunderts. Viel mehr ist den meisten jedoch über Paul Kruger nicht bekannt. Geboren 1825 als Nachfahre deutscher Einwanderer in Vaalbank (heutige Provinz Nordkap), verließ seine Familie 1836 mit dem »Großen Treck« der Buren die vormals niederländische und nun britisch beherrschte Kapkolonie. Kruger, der schon früh militärische und zivile Verantwortung übernahm, wurde 1864 Generalkommandant der inzwischen selbstständigen Burenrepublik Transvaal. Konnte das Burenheer die Briten, die Transvaal 1877 annektiert hatten, noch 1881 in der Schlacht am Majuba Hill besiegen, sah sich Kruger, 1882 zum Präsidenten des Burenstaats gewählt, einer weiteren Konfrontation gegenüber: Als die Briten ihre Truppen an der Grenze zusammenzogen, erklärte er ihnen den Krieg und reiste auf der Suche nach Unterstützung nach Europa. Zwei Jahre nach der endgültigen Niederlage der Burenrepublik im Jahr 1902 starb er im Schweizer Exil. Der große Naturliebhaber hinterließ jedoch ein wichtiges Erbe: Das von ihm 1898 gegründete Sabie-Naturschutzgebiet wurde später unter seinem Namen zum größten Wildschutzgebiet Südafrikas.

Paul Kruger hatte mit seiner Frau Gezina 16 Kinder, sie lebten ein einfaches Leben auf ihrer Farm. In der Bevölkerung wurde er auch noch als Staatsmann und Präsident liebevoll »Onkel Paul« genannt (kleines und großes Bild).

LIMPOPO UND MPUMALANGA

KRUGER NATIONAL PARK
LETABA RIVER

Der Letaba River zählt zu den größeren und das ganze Jahr über Wasser führenden Flüssen im Kruger-Nationalpark. An seinen Ufern lassen sich die Tiere besonders gut beobachten, weshalb eines der ersten Camps im Nationalpark, Letaba, auf einer Anhöhe oberhalb einer Flussschleife errichtet wurde. Regelmäßig kommen große Elefanten- und Büffelherden an den Fluss, um zu trinken und sich im Wasser zu suhlen, argwöhnisch beäugt von Krokodilen und Flusspferden. Auch Giraffen, Impalas und Zebras laben sich am kühlen Nass und sind vom Camp aus zwischen den lichten Mopanebäumen zu sehen. Ein besonderes Erlebnis ist die Sichtung eines der derzeit 22 großen Elefantenbullen, die die Ranger des Kruger-Nationalparks wegen ihrer imposanten Stoßzähne besonders genau überwachen. Auch ein Besuch des Elephant Hall Museums lohnt, es zeigt den Schutz der Elefanten im Park.

Tierwelt des Kruger National Park

Der Nationalpark, der eines der berühmtesten Wildschutzgebiete der Welt ist, beeindruckt selbst dann, wenn man nur darüber liest: 147 verschiedene Säugetierarten, knapp 500 Vogel-, rund 120 Reptilienarten, 34 Arten von Amphibien und rund 50 von Süßwasserfischen. Doch nicht nur die Artenvielfalt selbst begeistert, die Tierwelt ist überdies in reicher Zahl vertreten und macht den Besuch für Safaritouristen deshalb zu einem ereignisreichen Erlebnis. Die Chance, die legendären »Big Five« – Elefant, Büffel, Leopard, Löwe und Nashorn – vor die Kameralinse zu bekommen, stehen daher auch überdurchschnittlich gut. Daneben sind Affen wie Paviane und Meerkatzen ein beliebtes Fotomotiv, doch dabei ist Vorsicht geboten: Die kleinen Racker sind frech und haben schon so manchem Safaritouristen die Ausrüstung geklaut. Tatsächlich ist der Kruger-Nationalpark nicht nur ein einmaliges Naturspektakel, sondern dient auch dem Zweck der Artenerhaltung. Der Nationalpark bietet seltenen und vom Aussterben bedrohten Tieren wie etwa dem Spitzmaulnashorn eine sichere Zuflucht und setzt sich dafür ein, dass sich die Populationen stabilisieren.

In der Trockenzeit sieht die Landschaft rund um den sich sanft dahinschlängelnden Letaba (unten) karg aus; fällt erst einmal Regen, verwandelt sich das Gebiet in ein fruchtbares Paradies. Bärenpaviane (links), auch als Chacma-Paviane bekannt, sind eine der größten Pavianarten in ganz Afrika.

DIE »BIG FIVE«: LEOPARDEN

Das Glück, bei einer Safari einem Leoparden in freier Wildbahn zu begegnen, ist nur wenigen vergönnt. Die nachtaktiven Raubkatzen verbringen den Tag so perfekt getarnt, dass selbst erfahrene Wildhüter ihre liebe Mühe haben, sie zu erkennen. Dabei ist den Tieren die charakteristische Fellzeichnung mit kleinen schwarzen, rosettenförmigen Flecken auf rötlich braunem Grund behilflich. Schwarze Leoparden – als Panther bekannt – kommen vor allem in Asien vor, in Afrika findet man sie nur vereinzelt in Gebieten rund um das Mount-Kenya-Massiv. Der bevorzugte Lebensraum der Tiere sind Felsregionen, in deren Spalten oder Höhlen der Leopard Schutz findet, oder bewaldete Gebiete, wo er auf Baumästen ruhen kann. Die zwischen 50 und 90 Kilo schweren und bis zu zwei Meter langen Raubkatzen jagen ihre Beute, indem sie in guter Deckung auf sie lauern. Anders als Geparde, die es an

Schnelligkeit mit ihren Beutetieren aufnehmen können, und Löwen, die sie im Rudel einkreisen, muss der langsamere und einzelgängerische Leopard seinem Opfer unentdeckt möglichst nahe kommen, um es mit ein, zwei Sprüngen zu erwischen. Meist zieht er die Beute dann auf eine Astgabel, um sie vor Fresskonkurrenten wie Löwen oder Hyänen in Sicherheit zu bringen.

Leoparden haben die Menschen immer schon fasziniert. Bereits im alten Ägypten und im Römischen Reich wurden sie an den Herrscherhöfen gehalten. Obwohl sich der Leopard nicht vollständig domestizieren lässt, gibt es zahlreiche Berichte über Leoparden, die als Haustiere gehalten wurden.

KRUGER NATIONAL PARK
LEPELLE RIVER UND OLIFANTS REST CAMP

Als sich die ersten Siedler Mitte des 19. Jahrhunderts im Gebiet des Olifants River niederließen, lebten an seinen Ufern so große Elefantenherden, dass der Fluss nach den Elefanten, im Afrikaans *olifant*, benannt wurde. Seit 2006 wird er mit seinem Sotho-Namen »Lepelle« bezeichnet. Der Fluss durchquert den Kruger-Nationalpark und vereinigt sich mit dem Letaba, bevor er in Mosambik in den Limpopo mündet. Hoch über seinem Tal erhebt sich im Nationalpark das Olifants Rest Camp auf einer Granitklippe und bietet eine fantastische Fernsicht über das mit Mopanebäumen und Dornbusch bewachsene Lowveld. Das Rastlager zählt zu den am schönsten gelegenen im Kruger-Nationalpark. Schon von den komfortabel eingerichteten Bungalows aus lassen sich mit dem bloßen Auge die Tiere erspähen, die sich unten am Flussufer aufhalten.

Zu den Tierarten, die man immer wieder am Flussufer beobachten kann, gehören neben Elefanten und Flusspferden auch der Ellipsen-Wasserbock und Wasserbüffel.

KRUGER NATIONAL PARK
SÜDLICHER TEIL

Die Südhälfte des keilförmigen, 350 Kilometer langen Nationalparks ist durch Straßen und Camps sehr gut erschlossen. Im hügeligen Bushveld leben große Tierherden, sodass spektakuläre Wildsichtungen garantiert sind. Vor allem entlang des Letaba River und an den nie versiegenden künstlichen Wasserstellen treffen Besucher auf Zebras, Antilopen, Elefanten, Nashörner, Giraffen und Büffel. Raubkatzen wie Löwe oder Gepard sind am frühen Morgen und abends gut zu beobachten, wenn sie auf Jagd gehen; die heißen Stunden verbringen die Tiere dösend im Schatten. Reisende dürfen die Fahrzeuge nur an eigens dafür eingerichteten und gesicherten Plätzen verlassen. Unterkunft bieten gut ausgestattete Camps oder private Lodges. Bar jeglichen Komforts, dafür aber in engstem Kontakt mit der Wildnis sind die Übernachtungsplätze in den Buschcamps.

Das Aussehen der Krokodile ist seit 200 Millionen Jahren praktisch unverändert. Ihren stabilen Schuppenpanzer kannten bereits die Dinosaurier. Einem ausgewachsenen Krokodil ist kein anderes Tier gewachsen – es führt ein Leben ganz ohne natürliche Fressfeinde.

TIMBAVATI GAME RESERVE

Das heute über 50 000 Hektar große Game Reserve an der Westgrenze des Kruger-Nationalparks hat sich aus der Initiative mehrerer Farmer entwickelt, die sich Mitte der 1950er-Jahre zusammenschlossen, um das ausgelaugte Farmland zu renaturieren und das verdrängte Wild wieder einzusetzen. Heute verfügt das Schutzgebiet über eine faszinierende Vegetation und Artenvielfalt. Vor einigen Jahren wurde der trennende Zaun zum Nationalpark entfernt, damit die Tiere frei wandern können. Heute besteht der Trägerverein aus 50 Mitgliedern; sie kümmern sich nicht nur um das ökologische Gleichgewicht, sondern versuchen auch, die soziale Lage der Bevölkerung zu verbessern. Für eine Sensation sorgte in den 1970er-Jahren die Entdeckung weißer Löwenjungen in dem Reservat. Dieser Leuzismus genannte Gendefekt ähnelt dem Albinismus, doch sind die Augen pigmentiert und dunkel.

Ähnlich wie beim Fingerabdruck sind die Streifen von Zebras bei jedem individuellen Tier einzigartig (unten). Hyänen (links oben) und Afrikanische Wildhunde (links unten) sind beides erfolgreiche Jäger mit einem besonders ausgeprägten Sozialverhalten.

ULUSABA GAME RESERVE

Einen fantastischen Fernblick von der Hügelkuppe eines *koppje* über das Bushveld genießen die Gäste der Lodges des Ulusaba Game Reserve. Das kleine Naturschutzgebiet ist ein Teil des Sabi Sands Game Reserve südwestlich des Kruger-Nationalparks und profitiert von dessen Artenreichtum. Ulusaba gehört dem britischen Milliardär Sir Richard Branson und ist mit hoch luxuriösen Unterkünften, einem eleganten Spa und jedem nur erdenklichen Komfort ausgestattet. Zum Freizeitangebot gehören nicht nur Game Drives und Wildniswanderungen, sondern auch Besuche in umliegenden Dörfern. Die Lodge unterstützt die lokalen Gemeinschaften durch den Bau von Brunnen, Schulhäusern, durch Übernahme von Schulkosten der Kinder und durch Vergabe von Mikrokrediten an Jungunternehmer. Gäste können sich als Safari-Volunteers an dem Hilfsprogramm zur Unterstützung beteiligen.

Ulusaba bedeutet »Ort der geringen Angst«, weil der Fels einst den Kriegern der Shangaan einen sicheren Platz für ihre Jagden bot. Die Bungalows der Safari Lodge stehen mitten im Grün des Bushveld.

LODGES: LUXUS IN DER WILDNIS

Ankunft nach einer langen, staubigen Fahrt durch den Busch: Mitten in der Wildnis, weitab von der Zivilisation, öffnen sich die Tore zu einer wahren Oase – Bungalows im Baustil afrikanischer Rundhütten, ein üppig blühender, angenehm duftender Garten, der türkisblau schimmernde Pool. Und schon eilen dienstfertige Geister herbei, begrüßen den Gast, bringen das Gepäck aufs Zimmer, servieren einen Willkommensdrink. Im Busch zwitschern Vogelstimmen, kreischen Affen, ein tiefes Löwenbrüllen erfüllt die Luft: Lodge-Alltag für diejenigen, die hier arbeiten – ein unvergessliches Erlebnis für den Gast. Es gibt unzählige Lodges in Südafrika. Und keine gleicht der anderen. Sie finden sich auf Kalahari-Dünen oder im Urwald, an den Ufern rauschender Flüsse oder auf Granitkuppen, sie können schlicht und rudimentär ausgestattet oder luxuriös eingerichtet sein – nur eines haben sie gemeinsam: Der Gast ist in jeder Lodge der Natur so nahe wie möglich. Viele Lodges haben die ohnehin nie wirklich sicheren Zäune einfach abgebaut und lassen nun das Wild herein. So kann es passieren, dass zum Frühstück ein neugieriges Warzenschwein vorbeikommt. Dass auch Elefanten und, zumeist nachts, Raubtiere auf Stippvisite durchs Gelände streifen, gehört mit zum Abenteuer.

Dezenter Luxus und freundliches, gut geschultes Personal, das die Gäste nach allen Regeln der Kunst verwöhnt – das macht den Charme einer exklusiven Lodge aus, die dann aber auch ihren stolzen Preis hat. Unbezahlbar ist jedoch hier wie in den einfacheren »Landhotels« das, was ihren eigentlichen Reiz ausmacht: das überwältigende Erlebnis der Natur – mittendrin in der Wildnis Afrikas!

SABIE RIVER

Der Sabie River entspringt auf 1100 Metern Höhe in den Drakensbergen, fließt von dort nach Osten ins Lowveld, durchquert den Süden des Kruger-Nationalparks, wo er sich mit dem Sand River vereinigt, und mündet in Mosambik in den Komati. Das 1898 proklamierte Sabi Reserve, Vorgänger des Kruger-Nationalparks, wurde nach ihm benannt. Der ständig Wasser führende Fluss nährt eine artenreiche Flora und Fauna. Nicht umsonst nannten die Tswana den Fluss *sabi*, Gefahr: Im Wasser wimmelte es von gefährlichen Krokodilen und Flusspferden. In den Tierschutzgebieten, die er durchquert, versammeln sich große Herden von Dickhäutern, Antilopen und Zebras an den Flussufern. Die »Sabie2Kruger Birding Route« folgt dem Lauf des Flusses von der Quelle bis zum Nationalpark und erschließt Interessierten die vielen und farbenfrohen Vogelarten in seinen Galeriewäldern.

Auch für Elefanten ist die Überquerung des Sabie River nicht immer ein leichtes Spiel; besonders die Jungtiere müssen sich vor Krokodilen und tückischen Strömungen in Acht nehmen.

SABI SABI GAME RESERVE

Mit Sabi Sabi, einem der exklusiven Schutzgebiete innerhalb des Sabi Sand Game Reserve, ist eine Anekdote verbunden: Durch das Reservat verlief in den 1920er-Jahren die Selati Railway, auf der Gold von Nord-Transvaal an die Grenze zu Mosambik transportiert wurde. Auf der Linie fuhr auch ein Touristenzug, von dem aus die Passagiere das Wild beobachten und den sie an Haltepunkten für eine Safari auch verlassen konnten. An der Station Newington unweit des heutigen Selati Camps soll sich Folgendes zugetragen haben: Der Zug passierte die Bahnstation nach Einbruch der Dunkelheit, und weil der Lokführer keine Wartenden sah, fuhr er ohne Halt weiter. Die Passagiere jedoch saßen in den Bäumen, wohin sie vor einem Rudel Löwen geflohen waren. Seit diesem Vorfall ließ die Eisenbahngesellschaft Leitern an die Bäume lehnen, damit die Touristen im Notfall schneller Schutz fanden.

Eine gute Deckung ist für Wasserböcke, Antilopen und Gazellen überlebenswichtig (unten). Das Sabi Sabi Game Reserve liegt in der Nähe des Sabie River (links), der einer der malerischsten Flüsse des Landes und eine wichtige Wasserquelle für die vielfältige Tierwelt der Umgebung ist.

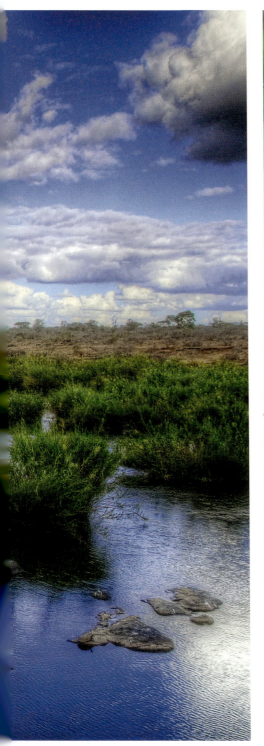

SABI SANDS GAME RESERVE

Bevor 1934 der Vorläufer des heutigen 65 000 Hektar großen Sabi Sands Game Reserve gegründet wurde, nutzten Farmer das Land für die Viehzucht. Mit Einrichtung des Kruger-Nationalparks und dem Gewinn versprechenden Safaritourismus entschieden sie sich, in direkter Nachbarschaft ein privates Schutzgebiet auf eigenem Land einzurichten. Die vielen ursprünglich für das Nutzvieh angelegten Wasserstellen dienten fortan als Tränke für Elefanten, Antilopen oder Raubtiere. Der Wasserreichtum von Sabi Sands zieht große Wildherden an. Mit ziemlicher Sicherheit sind während eines Game Drive alle »Big Five« zu sehen; sogar Leoparden, die sich besonders gut tarnen, können die Ranger ihren Gästen regelmäßig zeigen. Dies nicht zuletzt deshalb, weil sie, anders als im benachbarten Kruger-Nationalpark, die Pisten verlassen dürfen und dem aufgespürten Tier querfeldein folgen können.

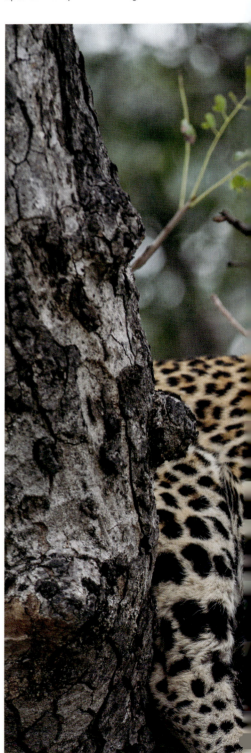

Sabi Sands ist der Ort mit der größten Chance, die eleganten Leoparden in freier Wildbahn sehen zu können. Neben den »Big Five« lassen sich hier auch Giraffen, Krokodile und Wüstenwarzenschweine gut aufspüren. In der exklusiven Londolozi Lodge speist man mitten im üppig-grünen Ambiente.

DIE GRANDIOSE VOGELWELT SÜDAFRIKAS

Angesichts der großen Wildherden wird der immense Vogelreichtum Südafrikas leicht übersehen. Über 850 ständig hier lebende Arten und zahlreiche Saisongäste aus Europa schätzen das ausgeglichene Klima und die vielfältigen Lebensräume. Zu den markanten Vertretern gehören neben dem Bartgeier der elegante Schreiseeadler, der Schlangenhalsvogel und der Sattelstorch, die alle Feuchtgebiete bevorzugen. Ein gutes Auge benötigt man, um im dichten Gestrüpp kleine Kostbarkeiten wie den Bienenfresser, den Eisvogel und den mit dem Kanarienvogel verwandten Mosambikgirlitz auszumachen. Bodenbewohner sind die Hornraben, die ihre bis zu vier Kilogramm schweren Körper nur mit Mühe in die Lüfte erheben. Der an einen Storch erinnernde Nimmersatt heißt wissenschaftlich *Mycteria ibis*, weil Linné ihn mit dem heiligen Ibis verwechselte (Störche und Ibisse bilden getrennte Familien). Allgemein ist die Tierwelt Südafrikas reich an Superlativen: Hier leben das größte Landsäugetier (Elefant), das höchste (Giraffe), das schnellste (Gepard), das kleinste (Etruskische Spitzmaus), der größte Vogel (Strauß), der größte fliegende Vogel (Riesentrappe) sowie das größte Reptil (Lederschildkröte). Und vor den Küsten zieht das größte Säugetier vorbei, der Blauwal.

Südafrika ist ein Paradies für Ornithologen. In den Nationalparks wie am Wegesrand gilt es, Entdeckungen zu machen. Zu sehen sind beispielsweise die besonders auffälligen Vogelarten wie Kronenkraniche (unten links), Helmperlhühner (unten rechts) oder Marabus (ganz unten). Seinen Namen verdankt der Maskenweber (rechts) der maskenähnlichen dunklen Färbung des Gesichts und dem für Webervögel typischen Nestbau.

DIE GRANDIOSE VOGELWELT SÜDAFRIKAS

Über die Hälfte der Nektarvogelarten ist in Afrika beheimatet. Der Kaphonigvogel ernährt sich hauptsächlich vom Nektar der *Protea* und spielt eine wichtige Rolle bei deren Bestäubung.

BLYDE RIVER CANYON NATURE RESERVE

Der Blyde River entspringt bei der alten Goldgräbersiedlung Pilgrim's Rest, fließt nach Norden, vereinigt sich vor dem Blyde River Canyon mit dem Treur River und übergibt schließlich sein Wasser dem Olifants River. Nach dem US-amerikanischen Grand Canyon und dem namibischen Fischfluss-Canyon ist seine Schlucht die drittgrößte der Welt. Diese wunderbare Landschaft fasziniert nicht nur wegen der vielfältigen Erosionsformen, von denen sie geprägt ist, sondern auch wegen der völlig unterschiedlichen Vegetation, die vom tropischen Regenwald bis zur Trockensavanne in dem nur 500 Meer hoch gelegenen Lowveld reicht. Die Panoramastraße am Canyon entlang führt den Reisenden zu beeindruckenden Aussichtspunkten, etwa auf die Three Rondavels – rund abgeschliffene Felskegel, die so aussehen wie die traditionellen Rundhütten der Xhosa.

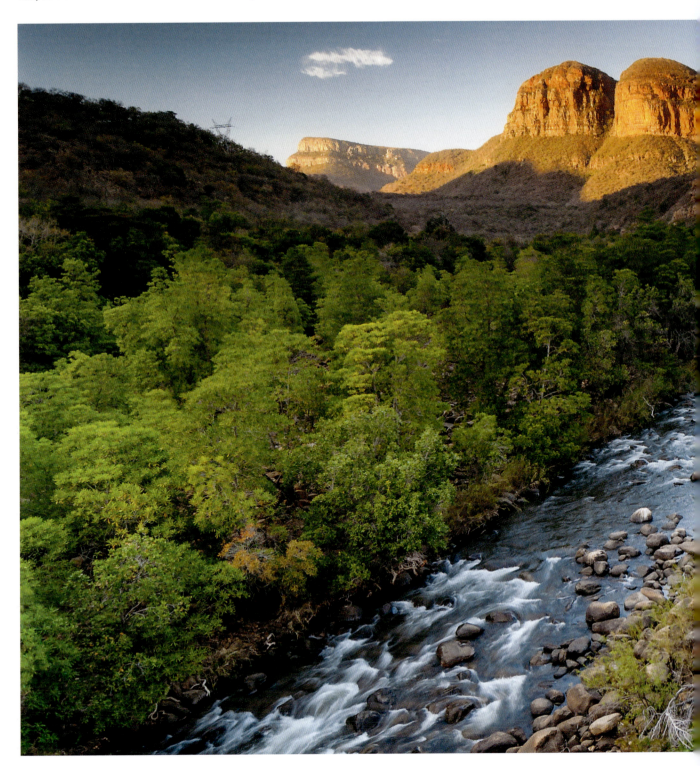

Der Blyde River strömt durch eine bis zu 800 Meter tiefe Schlucht, die er in Jahrmillionen in die Drakensberge gegraben hat. Ein Besuch dieses spektakulären Naturreservats lässt sich gut bei der Fahrt auf dem Weg von Johannesburg zum Kruger-Nationalpark einplanen.

LIMPOPO UND MPUMALANGA

BLYDE RIVER CANYON NATURE RESERVE

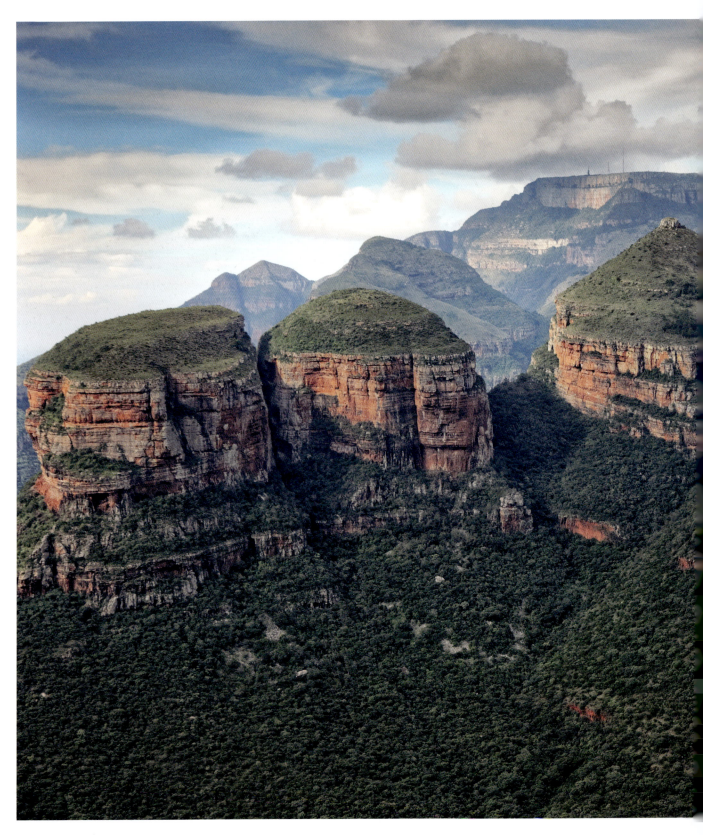

Die Three Rondavels sind eine der beeindruckendsten Felsformationen im Blyde River Canyon und ein absolutes Highlight.

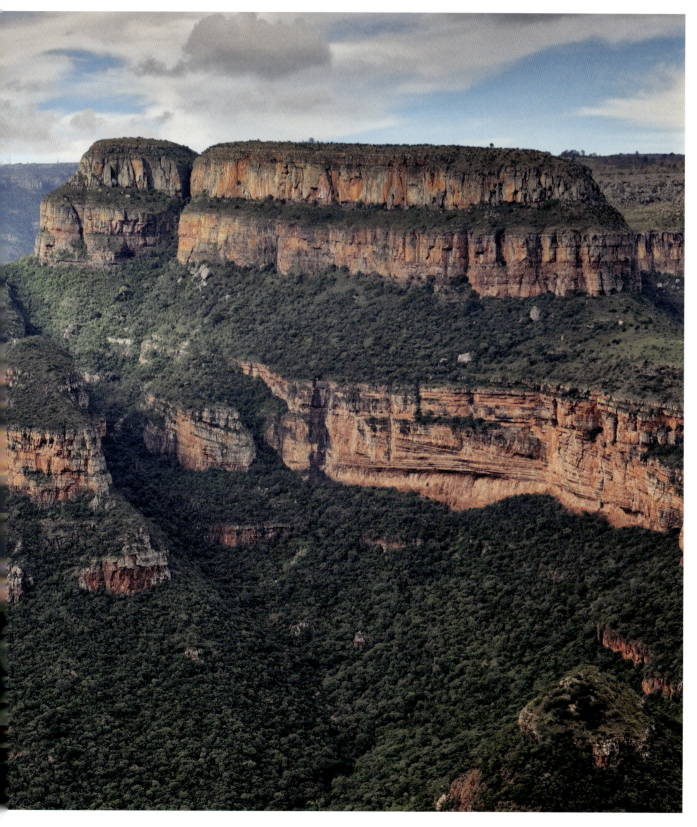

BLYDE RIVER CANYON NATURE RESERVE
GOD'S WINDOW

Einer der spektakulärsten Aussichtspunkte auf der Panoramaroute entlang des Blyde River Canyon ist God's Window. Nahezu senkrecht fallen die grün bewachsenen Hänge 700 Meter zum Lowveld ab und eröffnen einen atemberaubenden Blick nach Osten über den Kruger-Nationalpark und an klaren Tagen bis zu den Lebombo-Bergen an der Grenze zu Mosambik. Nur an wenigen Stellen ist die Große Randstufe zwischen dem Tiefland und dem zentralen Hochland des südlichen Afrika so ausgeprägt wahrnehmbar wie hier, denn meist flacht sie in mehreren Bergketten zum Lowveld ab. Vom »Gottesfenster« führt ein Pfad über Stufen einige Hundert Meter bergan in ein mit Regenwald bestandenes Areal, in dem Lianen und Farne verkrüppelte Steineiben umschlingen. Der 1750 Meter hohe Gipfel wartet mit weiteren, von vielen als noch eindrucksvoller beschriebenen Panoramen auf.

Wie eine Vorstellung vom Garten Eden mutet das Panorama vom Aussichtspunkt God's Window an, was auch den Namen »Fenster Gottes« erklärt. Der Name spiegelt die majestätische Schönheit wider, die Besucher wie durch ein Fenster auf eine fast göttliche Aussicht blicken lässt.

BLYDE RIVER CANYON NATURE RESERVE
BOURKE'S LUCK POTHOLES

Am Beginn des Blyde River Canyon mündet der Treur River (Afrikaans für »Trauerfluss«) in den Blyde, dabei entstehen besondere Strömungsverhältnisse und Wirbel, in denen mitgeführte Steine und Sand seit Jahrtausenden ihr Werk der Erosion verrichten. Das Ergebnis sind tiefe, zylinderförmige Strudellöcher, *potholes*, im Flussbett, die dank des mehrfarbig geäderten Sandsteins je nach Lichteinfall und Wasserstand aussehen, als hätte ein Künstler hier ein überaus ästhetisch marmoriertes Werk vollbracht. Ein Werk der Natur, das sich ständig verändert, denn die Lochwände brechen ein oder wachsen mit anderen zusammen und bilden neue, faszinierende Formationen. Von Stegen und Brücken aus lassen sich die Potholes wunderbar beobachten, zudem bekommen Besucher hier auch einen ersten Eindruck vom Canyon des Blyde River.

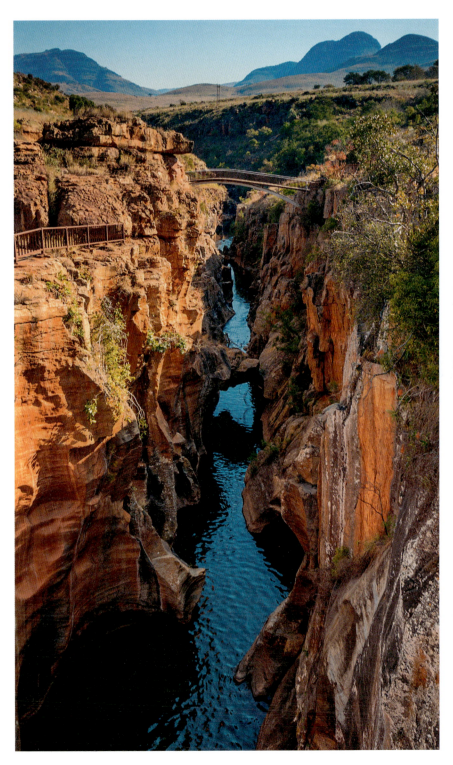

Tom Bourke hat hier erfolglos nach Gold geschürft. Er lag aber richtig in der Annahme, dass hier in der Region die kostbaren Bodenschätze schlummern. Jahrmillionen hat es gedauert, bis der Blyde River die Schlucht aus dem roten Sandstein gefräst und so dieses Naturwunder geschaffen hat.

BLYDE RIVER CANYON NATURE RESERVE
BOURKE'S LUCK POTHOLES

Die Wasserfälle in der Nähe der Potholes zeugen von der Erosionskraft, die die Wassermassen hier ausüben.

BERLIN FALLS

Nirgendwo in Südafrika gibt es so viele Wasserfälle wie in der Umgebung des Blyde River Canyon und des Städtchens Sabie. Eine Themenroute, die Sabie Waterfalls Route, verbindet die unterschiedlich breiten und hohen Kaskaden miteinander. Der höchste Fall der Region sind mit 92 Metern die Lisbon Falls. Als ungewöhnlichster Wasserfall aber dürften die Berlin Falls gelten, denn die geologischen Gegebenheiten haben ihnen die Form einer Kerze verliehen. Das Wasser eines Gebirgsbachs zwängt sich an der Abbruchkante durch einen Spalt und fällt zunächst als schmaler Arm über den Fels. Dann weitet sich die Rinne, das Wasser schießt über einen Vorsprung und der Fall wird deutlich breiter. Von der Aussichtsplattform gegenüber sieht er deshalb aus wie eine 45 Meter hohe Kerze. Am Fuß der Felswand bildet das Fallbecken einen nahezu kreisrunden, türkisblauen See.

»Berliner Fälle« in Afrika? Die Herkunft des Namens erklärt sich aus der Heimatverbundenheit der europäischen Goldschürfer, die hier ihr Glück suchten. Sie benannten die Wasserfälle einfach nach ihnen bekannten Orten, deswegen liegen neben den Berlin Falls auch die »Lissabonner« Fälle.

HUGH MASEKELA

»Was auch immer du tust, du musst der Beste sein. Es geht nur um Leidenschaft, Ehrlichkeit und harte Arbeit.«

Auftritt von Hugh Masekela während des jährlichen Commonwealth Day Observance Service 2012 in der Westminster Abbey (kleines Bild). Portrait des 29-jährigen Hugh Masekela in New York City 1968 (großes Bild).

Dass man manchmal Grenzen überschreiten muss, um seinem Traum zu folgen, bewies der Musiker und Politaktivist Hugh Masekela. Am 4. April 1939 in Witbank geboren und in Johannesburg aufgewachsen, wechselte der begnadete Musiker, der schon früh sang und Klavier spielte, als Vierzehnjähriger zur Trompete. Er war Mitglied der Huddleston Jazz Band und gründete später die Jazz Epistles, mit denen er das erste Modern-Jazz-Album Südafrikas aufnahm. Doch die Chancenungleichheit und Unterdrückung der Schwarzen im Apartheidstaat, die 1960 im Massaker von Sharpeville gipfelte, trieb ihn erst nach London und später nach New York. Hier war es ihm endlich möglich, Musik zu studieren. Zudem spielte er mit Musikgrößen wie Dizzy Gillespie und Miriam Makeba (mit der er von 1964 bis 1966 verheiratet war). 1963 erschien sein erstes Soloalbum »Trumpet Africaine«, 1968 feierte er mit dem Instrumentalstück »Grazing in the Grass« seinen größten Erfolg. Es folgten zahlreiche Auszeichnungen und über 40 Alben, auf denen er südafrikanische Musik mit Jazz und Funk mischte. Der auch »Bra Hugh« genannte Jazz- und Weltmusik-Pionier, der mit seinem Eintreten gegen die Apartheid zu einer wichtigen Stimme des Widerstands wurde, verstarb 2018 in Johannesburg an den Folgen einer Krebserkrankung.

KWAZULU-NATAL

Dramatische landschaftliche Kontraste, großer Wildreichtum und die dynamische Kultur der Zulu prägen Südafrikas nordöstlichste Provinz KwaZulu-Natal. Die Granitbarriere der zu bizarren Formen erodierten Drakensberge rahmt das Lowveld, das hügelige Tiefland, ein, das nach Osten an der vielfach gegliederten Küste des Indischen Ozeans mit fast schon tropischer Vegetation und Tierwelt ausläuft. Die heute so friedliche Zulu-Region war zu Beginn des 19. Jahrhunderts Schauplatz grausamer Eroberungszüge des Zulu-Königs Shaka und Ort zahlreicher Schlachten mit Buren und Briten.

Die Volksgruppe der Zulu ist mit 14 Millionen die größte Südafrikas. Viele alte Traditionen werden mittlerweile nur noch für Touristen bewahrt, so sind etwa »traditionelle« Bekleidungsstücke aus bunten Perlen beliebte Souvenirs.

DURBAN

Durban – in der Sprache der Zulu »eThekwini« genannt – ist Südafrikas drittgrößte Stadt, eine wichtige Industrie- und Finanzmetropole sowie ein bedeutender Hafen, vor allem aber ein Ort des Vergnügens und des Sports. Ihr kosmopolitisches Flair verdankt die Metropole am Indischen Ozean der ethnischen Vielfalt. Unter anderem leben hier rund 400 000 Inder, deren orientalisch anmutende Tempel, Restaurants und Märkte Durban einen Ruf als »Südafrikas heimliche asiatische Hauptstadt« einbrachten. Durbans Bucht wurde bereits 1497 durch Vasco da Gama entdeckt. Mitte des 19. Jahrhunderts entwickelte sich Durban zum Mittelpunkt einer Zuckerrohrindustrie. Für die Arbeit auf den Feldern wurden Inder angeworben. Hauptsehenswürdigkeiten sind die Beachfront mit der Skyline, das indische Viertel mit dem lebhaften Victoria Market und die gut erhaltenen Kolonialbauten im Zentrum.

Neben den Fischerbooten (links oben) ist in Durban auch noch Platz für eine hübsche Marina (unten). Und afrikanische Lebensfreude zeigt sich an vielen Stellen der Stadt (links unten).

DURBAN: BEACHFRONT

Zwischen Blue Lagoon im Norden und Addington Beach im Süden säumen acht Kilometer feinster Sandstrände die Küstenlinie der Millionenstadt Durban. Die Promenade entlang der Golden Mile, des glamourösen Mittelstücks der Beachfront, ist Fußgängern und den als Transportmittel beliebten Fahrradrikschas vorbehalten und von schicken Hotel- und Apartmentkomplexen gesäumt. Eine viel besuchte Sehenswürdigkeit im Süden ist die uShaka Marine World. Dem riesigen Aquarium sind ein Delfinarium und ein Wasservergnügungspark angeschlossen. Seit der Fußballweltmeisterschaft 2010 dominiert das Moses-Mabhida-Stadion als unübersehbare Landmarke den nördlichen Teil der Beachfront. Die Hauptattraktion bilden aber die Strände. Im Wasser verankerte Netze schützen Schwimmer und Surfer vor gefährlichen Haiattacken, die an diesem Teil der Küste immer wieder vorkommen.

Amanzimtoti Beach, südlich von Durban gelegen, ist ein beliebtes Ziel für Strandliebhaber und Surfer. Mit seinem goldenen Sand, dem klaren Wasser und den idealen Wellenbedingungen zieht der Strand sowohl Einheimische als auch Touristen an.

BUREN: DER MYTHOS VOM GROSSEN TRECK

Buren sind die Nachfahren jener holländischen Siedler, die ab 1652 am Kap Handelsstützpunkte errichteten und die Landnahme vorantrieben. Als überzeugte Calvinisten meinten sie, durch Unterwerfung der Schwarzen ein gottgefälliges Werk zu tun. Im 18. Jahrhundert erweiterten die Buren ihren Einflussbereich immer weiter nach Nordosten und stießen 1778 mit dem einheimischen Volk der Xhosa militärisch zusammen. Dem ersten »Kaffernkrieg« folgten bis 1878 acht weitere. Als Großbritannien 1806 die Kapkolonie besetzte und die Sklaverei verbot, suchten viele Buren ihr Heil im Großen Treck: In mehreren Auswanderungsschüben zog man in bislang noch nicht von Weißen besiedelte Regionen nördlich des Oranje und in das Gebiet der Zulu, mit denen es zu blutigen Gefechten kam. Der Große Treck und die Schlacht am Blood River sind die Säulen burischen Selbstverständnisses. Das bringt das bei Pretoria errichtete Voortrekkerdenkmal zum Ausdruck. Dort wachen die in Bronze gegossenen Anführer der Treckburen. Innen erzählt ein Fries aus 27 Marmorreliefs die Historie aus der Sicht der Buren.

Illustration der burischen Siedler während des Großen Trecks vom britischen Maler Joseph Ratcliffe Skelton.

PIETERMARITZBURG

Mit seinen viktorianischen Backsteinbauten erinnert der einstige Hauptort der Burenrepublik Natal an eine britische Provinzstadt. Gegründet im Jahr 1838 nach der Schlacht am Blood River, bei der die Buren die Zulu besiegten, wurde die heutige Hauptstadt der Provinz KwaZulu-Natal nach Pieter Mauritz Retief benannt, einem Führer der Voortrekker. Allerdings währte die Ära der Burenrepublik nicht lange. 1843 annektierten die Engländer das Land und setzten ihre Verwaltung ein. Die meisten Buren verließen Natal und zogen weiter. Ihre Geschichte und die ihrer Republik dokumentiert das uMsunduzi Museum.

Sehenswert sind in dem »Stadt der Blumen« genannten Pietermaritzburg historische Bauten wie das Rathaus mit seinem 47 Meter hohen Glockenturm.

DRAKENSBERGE

Auf einer Länge von mehr als 1000 Kilometern bilden die Drakensberge den Übergang vom südafrikanischen Binnenhochland zur Ostküste. Ihr nördlicher Teil, die Transvaal-Drakensberge, stehen als »Blyde River Canyon Nature Reserve« unter Naturschutz; die südliche Region heißt »Natal-Drakensberge« und fasziniert mit über 3000 Meter hohen Bergriesen und verschwiegenen Seen, die seit dem Jahr 2000 zum UNESCO-Weltnaturerbe zählen. Unter dem Namen »uKhahlamba-Drakensberg Park« wurden sie zum Nationalpark erklärt, seit 2013 ist er Teil des Maloti-Drakensberg-Parks. Größter Schatz sind die Felsbilder der San. Mehr als 35000 Gravuren und Malereien wurden entdeckt. Das Kerngebiet ihrer Kunst ist das Giant's Castle Game Reserve: Über 500 Darstellungen von Wild, Jagdszenen, aber auch von schamanistischen Zeremonien entdeckte man allein an einer Fundstätte.

Ein besonders spektakuläres Highlight der Drakensberge ist das »Amphitheater«, eine mächtige Felswand, die sich über fünf Kilometer erstreckt und über 1200 Meter hoch ist. Vom »Amphitheater« fließt der Tugela-Wasserfall, der zweithöchste Wasserfall der Welt, in die Tiefe.

UKHAHLAMBA-DRAKENSBERG PARK

Der Zulu-Name »Wall der erhobenen Speere« bringt den Eindruck, den das mächtige Gebirge im Osten KwaZulu-Natals erweckt, auf den Punkt. Seine Ostwände steigen bis zu 1000 Meter nahezu senkrecht aus der Ebene auf, nach Westen umrahmt es das Hochland von Lesotho, eine schier unbezwingbare natürliche Festung. Nach der Ernennung der Drakensberge zum UNESCO-Welterbe fasste man die im Gebirge ausgewiesenen Schutzgebiete zu einem rund 180 Kilometer langen und bis zu 20 Kilometer breiten Park zusammen, der an der Grenze zu Lesotho verläuft. Er dient der Bewahrung der Felsbilder, die das Jägervolk der San hinterlassen hat, aber auch dem Schutz lokaler Flora und Fauna. Seit dem Jahr 2013 ist er Teil des Maloti-Drakensberg-Parks. Fußpfade erschließen die Gebirgsregion mit ihren markanten Gipfeln Champagne Castle (3377 Meter) oder Cathedral Peak (3004 Meter).

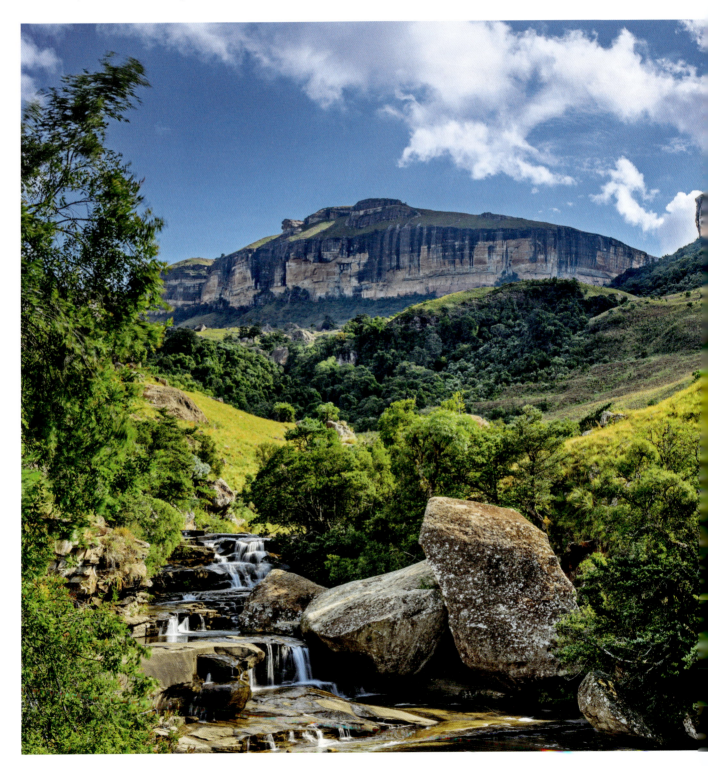

Die Berge des südlichen Afrikas (links) sind der ideale Lebensraum für den Bartgeier, der über den Hochplateaus und den Schluchten seine Runden dreht (unten). Der Körperbau des Klippschliefers ist ideal an das Klettern auf glatten Felsoberflächen und Bäumen angepasst (ganz unten).

UKHAHLAMBA-DRAKENSBERG PARK
GIANT'S CASTLE GAME RESERVE

Das Schutzgebiet rund um den majestätischen Giant's Castle (3315 Meter) wurde bereits 1903 eingerichtet, um den Bestand der in den Bergen lebenden Elenantilopen zu sichern. Ein weiteres Anliegen war der Schutz von Kap- und Lämmergeiern, die in der zerklüfteten Berglandschaft noch in ansehnlicher Zahl nisten. Daneben sind auch verschiedene Adlerarten in Giant's Castle beheimatet. Im Herzen des Game Reserve befinden sich Sandsteinhöhlen mit ausdrucksstarken Felsmalereien der San. Die Drakensberge waren mindestens 2000 Jahre lang Lebensraum der Jäger und Sammler, die zu den ältesten Bevölkerungsgruppen Südafrikas zählen. Die Zuwanderung viehzüchtender Völker und der Druck durch die immer weiter landeinwärts drängenden burischen Siedler hat die San aus den Drakensbergen vertrieben. Zu Beginn der 1880er-Jahre lebte nur noch ein einziger San in der Region.

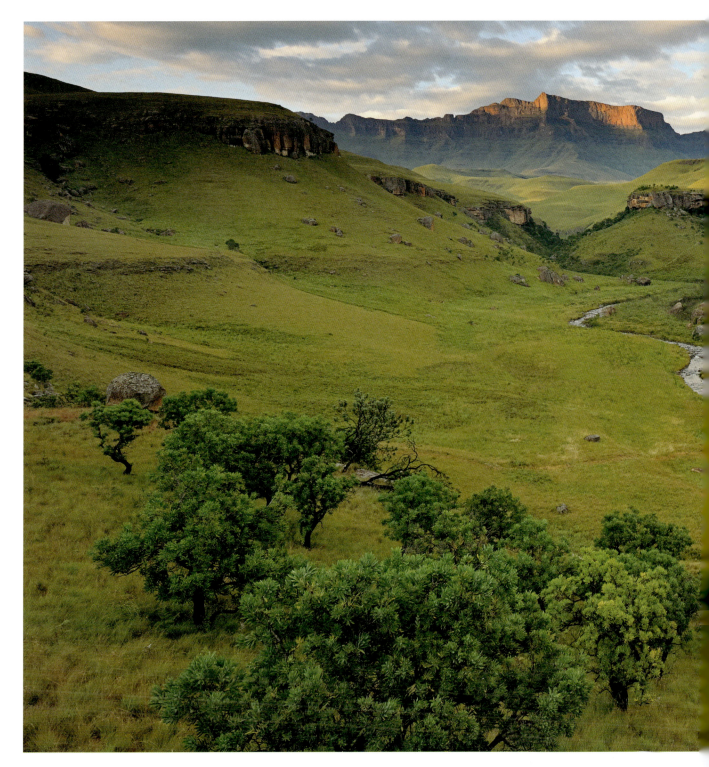

Die höchsten Berge des südlichen Afrika und die atemberaubendsten noch dazu. Das gesamte Gebiet des Giant's Castle Game Reserve gilt als Wanderparadies mit nicht allzu anspruchsvollen Pfaden, die auf eigene Faust erkundet werden können.

UKHAHLAMBA-DRAKENSBERG PARK
CATHEDRAL PEAK

»Central Berg« nennen die Südafrikaner die zentrale Region der Drakensberge rund um den mächtigen Cathedral Peak (3004 Meter) mit seinem auffällig geformten Gipfel. Umgeben ist er von drei weiteren Basalt-Dreitausendern, dem Bell, dem Outer und dem Inner Horn. Das waldreiche Cathedral Peak Mountain Reserve ist ein wunderschönes Wanderrevier mit einfachen bis sehr anspruchsvollen Routen. Die Wanderung auf den Cathedral Peak selbst, dessen Erstbesteigung 1917 gelang, ist sehr kräftezehrend und erfordert Trittsicherheit. Als landschaftliches Idyll entpuppt sich das Mlambonja-Tal. Üppig mit Proteen bewachsen, breitet es sich wie ein grüner Teppich am Fuß der vier Gipfel aus und bietet Pavianen und Bergriedböcken einen geschützten Lebensraum. In Höhlen des Didima Valley sind die Felswände mit geheimnisvollen Felsmalereien der San geschmückt.

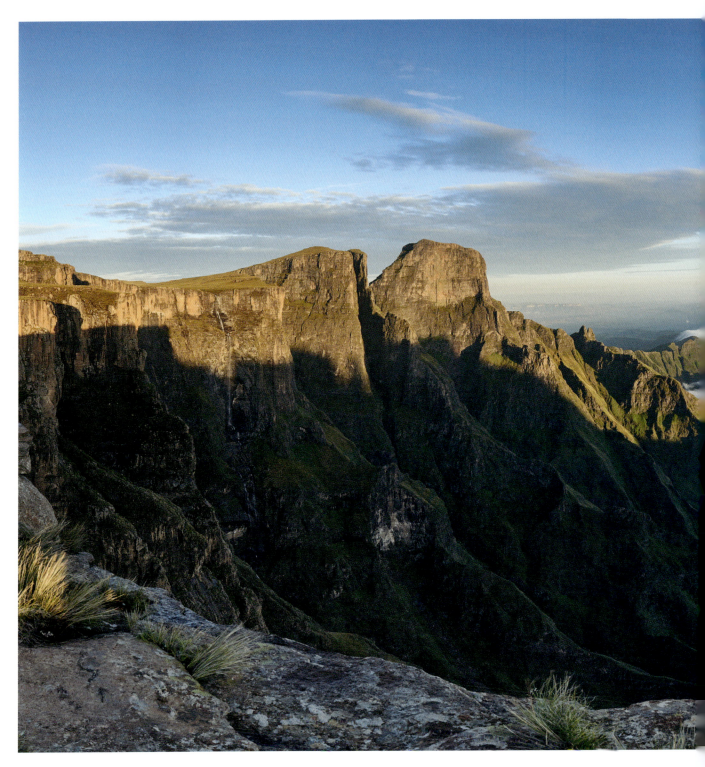

Ockerfarbene Hänge, zerklüftete Gipfel und ein Sonnenaufgang, der zum Träumen anregt: Die Region um den Cathedral Peak zählt zu den Höhepunkten im uKhahlamba-Drakensberg Park. Mit über 120 Kilometern an Wanderwegen ist sie ein Paradies für Aktive und Naturliebhaber.

SAN: JÄGER UND SAMMLER AM RAND DER GESELLSCHAFT

Als »Buschleute« bezeichneten die ersten Siedler am Kap jene Menschen, die als nomadisierende Jäger das südliche Afrika durchstreiften, sich einer seltsamen, mit Klick- und Schnalzlauten durchsetzten Sprache bedienten und offensichtlich kaum mehr besaßen, als was sie am Körper trugen. Als im 17. Jahrhundert die weiße Besiedlung Südafrikas begann, hatten die San, so die wissenschaftlich korrekte Bezeichnung, schon mehrere Einwanderungswellen anderer Völker – darunter Xhosa und Zulu – in ihre Heimat erlebt. Jedes neue Volk drängte die San weiter in unwirtliche Rückzugsgebiete ab. Das relativ kleinwüchsige und hellhäutige Volk mit seinem so charakteristischen, in Büscheln wachsenden Pfefferkornhaar wird heute als Nachfahr der Urbevölkerung des südlichen Afrika angesehen. Ihrer umfassenden Kenntnis von den Geheimnissen der Natur verdanken die San ihre einzigartigen Fähigkeiten,

mit denen sie selbst in ganz ariden Landstrichen überleben. Männer jagten traditionell mit Giftpfeilen und Fallen, während den Frauen das Sammeln essbarer Pflanzen und Knollen oblag. Heute lebt dieses faszinierende Volk, viele davon stark von Alkoholismus und HIV-Infektion gezeichnet, am Rand der südafrikanischen Gesellschaft. Für Jäger und Sammler, so scheint es, gibt es in dem modernen Staat keinen Platz mehr.

Einige San können in lebenden Museen ihr traditionelles Leben weiterführen. Hier zeigen sie Besuchern, wie sie jagen, erklären Tierspuren und führen traditionelle Tänze auf. Als nomadisches Volk übernachten die San in einfachen Hütten, die sie aus Zweigen, Blättern und Gras bauen.

FELSMALEREIEN DER SAN IN DEN DRAKENSBERGEN

Die stille, majestätische Bergwelt der Drakensberge bietet Elenantilopen sowie Bart- und Kapgeiern ein Zuhause. Wo die weicheren Sandsteinsedimente unter dem Druck des oberen Basaltblocks durch Erosion zerklüftet sind, verbergen sich einzigartige kulturelle Schätze: In verschiedenen Höhlen und unter Felsüberhängen stieß man auf großartige Felsmalereien. Viele von ihnen stammen aus den letzten 300 Jahren, überlagern aber bis zu 4000 Jahre alte Pigmentschichten. Gruppierungen der San lebten in diesem Gebiet bis in die zweite Hälfte des 19. Jahrhunderts als Jäger und Sammler, und heute sind sich die Forscher einig, dass die Felsbilder von diesem Volk stammen. Allerdings blieben zwei Fragen bislang unbeantwortet: Warum fertigten die San in manchen Regionen Felsgravuren, ritzten die Bilder also in den Stein, während sie in anderen Regionen auf den Stein malten? Und warum malen die heutigen San nicht? Sie selbst glauben übrigens, dass die Felsmalereien von den Göttern stammen. Abgebildet ist das Wild, auf das Jagd gemacht wurde. Wie vertraut die San mit den besonderen Charakteristika der Tiere waren, zeigt die erstaunliche Detailgenauigkeit. Menschen dagegen werden geradezu abstrakt dargestellt – stolze Jäger als Strichmännchen.

Die Malereien zeigen eine Vielzahl von Motiven, darunter Menschen, Tiere und mystische Figuren, und spiegeln das tägliche Leben, die Jagd und die spirituellen Vorstellungen der San wider. Besonders häufig sind Darstellungen von Antilopen, Elefanten und anderen Wildtieren, die in der Region beheimatet sind, sowie von Jagd- und Tanzszenen, die rituelle und soziale Aspekte des Lebens der San illustrieren.

UKHAHLAMBA-DRAKENSBERG PARK
ROYAL NATAL NATIONAL PARK

Der nördliche Teil der Drakensberge wurde bereits 1907 unter Naturschutz gestellt und schon 1916 zum Nationalpark erklärt. Das 8800 Hektar große Gebiet wird beherrscht von der fünf Kilometer langen, etwa 500 Meter steil abfallenden Felswand des »Amphitheaters«, eines Hochplateaus, über das sich der kantige Gipfel des Mont-Aux-Sources (3282 Meter) erhebt. Der Nationalpark ist die Heimat von Bergriedböcken, Klippspringern, Rehantilopen, Pavianen und einer vielfältigen Vogelwelt, zu deren spektakulärsten Vertretern Kapgeier, Kaffernadler und Felsenbussarde zählen. Das Attribut »königlich« erhielt das Schutzgebiet anlässlich des Besuchs der britischen Königsfamilie 1947. Die hohen Herrschaften stiegen damals im Royal Natal National Park Hotel ab, wo Prinzessin Elizabeth ihren 21. Geburtstag feierte. Heute liegt das ehrwürdige Hotel in Trümmern.

Die Felsbarriere des »Amphitheaters« wirkt wie eine Staumauer und scheint jeden Zugang zur Gebirgslandschaft dahinter abzuschneiden. Im Norden und Süden markieren die wuchtigen Klötze von Sentinel (3165 Meter) und Eastern Buttress (3047 Meter) jeweils die Endpunkte.

RUGGED GLEN NATURE RESERVE

Das kleine Naturreservat wird oft zum Royal Natal National Park gerechnet, an den es nördlich anschließt. Auch hier überbietet sich die Natur mit reizvollen Bergszenerien: Die Hänge sind mit seltenen Proteenarten bewachsen, und das weite Grasland verwandelt sich im Frühling in ein Blütenmeer. Rugged Glen ist aus der gleichnamigen Farm hervorgegangen, die wegen der ausgelaugten Böden aufgegeben und von der Wildnis zurückerobert wurde. Beliebt ist das Schutzgebiet unter Anglern, die in den vielen glasklaren Bächen und Flüssen die Rute nach Forellen auswerfen. Zwei kurze, aussichtsreiche Wanderwege, Forest Walk und Camel's Hump, erschließen unter anderem den Kamelhöcker genannten Gipfel, von dem der Blick weit über das Nature Reserve reicht. Wenn der Natal-Honigstrauch sein leuchtendes Rot zeigt, sieht die Landschaft besonders malerisch aus.

Der idyllischste Teil der Drakensberge: Das Naturschutzgebiet Rugged Glen in KwaZulu-Natal gilt nicht nur als Paradies für Wanderer, sondern auch für Vogelbeobachter und Forellenfischer. Viele Generationen lang haben sich hier Zulus, Briten und Buren bis aufs Blut bekämpft.

ZULU

Die über 14 Millionen Zulu bilden die größte schwarze Volksgruppe Südafrikas. Sie leben in der Region KwaZulu-Natal sowie um Johannesburg. Anfang des 19. Jahrhunderts führte sie ihr König Shaka in einen Kriegszug, bei dem weite Teile des südlichen Afrika erobert, Völker unterworfen und teils auch vertrieben oder ausgelöscht wurden. Shaka stand einem streng hierarchisch organisierten Militärstaat vor. Wegen seiner Eroberungen und seiner Machtgier nannte man ihn »Schwarzer Napoleon«. 1828 wurde er von seinem Halbbruder Dingane ermordet. Dieser versuchte danach vergeblich, den Vormarsch der Buren in noch unkolonisierte Gebiete Südafrikas zu stoppen. In der legendären Schlacht am Blood River (1838) besiegte der Burengeneral Martinus Wessel Pretorius, Namensgeber der Hauptstadt, mit 500 Mann eine Armee von 12 500 Zulu-Kriegern. 3000 Zulu fanden dabei den Tod. In KwaZulu-Natal erinnern mehrere als Touristenattraktionen eingerichtete Zulukraals wie »Shakaland« an die kriegerische Geschichte und die Traditionen dieses Volkes. Politische Gegenspieler der Zulu sind die Xhosa. Die Animositäten gingen so weit, dass Zulu-Führer Buthelezi 1994 einen Bürgerkrieg riskierte, um die Regierung des Xhosa-dominierten ANC zu verhindern.

Zulu-Frau mit dem traditionellen Kopfschmuck einer verheirateten Frau im Lesedi Cultural Village (unten). In dem Freilichtmuseum wird Besuchern die kulturelle Vielfalt der unterschiedlichen Ethnien Südafrikas nähergebracht. Im Museumsshop können handgefertigte Souvenirs wie afrikanische Masken (rechts) erstanden werden.

SHAKALAND

Als Museumsdorf der Zulu-Kultur wurde Shakaland in den Entembeni-Hügeln nicht gegründet – vielmehr diente es 1986 als Filmset bei den Dreharbeiten zu der Fernsehserie »Shaka Zulu«. Das aus 55 traditionellen Hütten bestehende Dorf fungierte im Film als historischer Kraal des Zulu-Häuptlings Senzangakhona, dessen Sohn Shaka das in viele Untergruppen zersplitterte Volk der Nguni zu Beginn des 19. Jahrhunderts mit harter Hand und großer Brutalität zur Zulu-Nation vereinte und weite Teile des heutigen Südafrika beherrschte. Bei Vorführungen erleben Besucher die kraftvollen Tänze der Zulu, sie können bei handwerklichen Arbeiten wie Töpfern oder Perlenstickerei zusehen oder einen *inyanga*, einen Heiler, konsultieren. Einen tiefen Eindruck hinterlässt die Demonstration verschiedener Kampftechniken der Zulu-Krieger.

In Shakaland lassen sich die traditionellen Gewänder der Zulu bewundern wie die aus Ziegenfell und Perlenschmuck gefertigten Lendenschurze und Stirnbänder. Die traditionelle Kleidung der Zulu-Frauen hängt von ihrem Beziehungsstatus ab. Ledige Frauen sind spärlicher gekleidet als verheiratete.

ITHALA GAME RESERVE

Das Ithala Game Reserve im Norden KwaZulu-Natals umfasst ganz unterschiedliche Landschaftstypen und bietet so verschiedensten Pflanzen und Tieren einen Lebensraum. Die Bandbreite reicht vom Buschland des Lowvelds über Galeriewälder entlang der Flussläufe bis hin zu offenen Grassavannen in höheren Gebirgslagen, wo einige der ältesten Gesteine stehen, die weltweit entdeckt wurden. Ihr Alter schätzen Geologen auf drei Milliarden Jahre. Die Spuren menschlicher Besiedlung reichen bis in die Jungsteinzeit; Ende des 19. Jahrhunderts ließen sich burische Farmer nieder, und 1972, bei Gründung des Schutzgebiets, war das Land überweidet und das Wild weitgehend ausgerottet. Heute durchstreifen wieder jede Menge Elefanten, Breit- und Spitzmaulnashörner, Afrikanische Büffel, Kudus, Gnus, Zebras und Giraffen die Savannen.

Weil die Einzäunung nicht ganz wildsicher ist, hat man darauf verzichtet, auch Löwen wieder im Ithala Game Reserve einzuführen – ein Umstand, der den vielen Steppenzebras sehr gelegen kommt. Leoparden und Hyänen sind hier ihre einzigen Fressfeinde.

HLUHLUWE-IMFOLOZI PARK

Die beiden vergleichsweise kleinen Schutzgebiete nördlich von Durban, Hluhluwe und iMfolozi, wurden bereits im Jahr 1895 eingerichtet. Zusammen messen sie knapp 1000 Quadratkilometer vorwiegend dicht bewachsener, von Wasserläufen durchzogener Hügellandschaft. Büffel, Antilopen, Elefanten und Zebras leben hier auf recht engem Raum mit Löwen, Leoparden und einer Vielzahl seltener, teils sogar endemischer Vögel. Die eleganten Nyalas (eine Antilopenart) können hier besonders gut beobachtet werden, ebenso Löffelhunde und Breitmaulnashörner *(Ceratotherium simum)*, deren Bestand in den 1960er-Jahren mit nur noch 20 Exemplaren kurz vor dem Aussterben war. Im Gegensatz zu den Spitzmaulnashörnern *(Diceros bicornis)* sind ihre Lippen fast quadratisch. Beide Arten haben zwei Hörner. Mehrere gut markierte Wanderwege führen durch das Schutzgebiet.

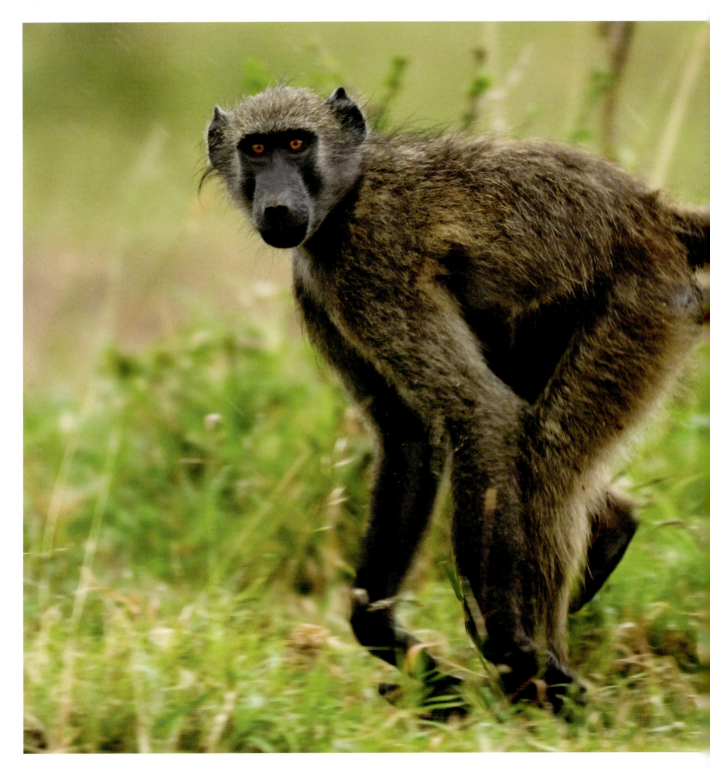

Steppenpaviane halten sich oft am Boden auf, sie können aber auch gut klettern und schlafen in der Nacht meist auf Bäumen (links). Giraffen zählen ebenfalls zu den Bewohnern des Schutzgebiets und durchkämmen die grünen Landstriche (unten).

HLUHLUWE-IMFOLOZI PARK

Die Hörner der Kaffernbüffel dienen nicht nur zum Schutz vor Raubtieren, sie spielen auch eine wichtige Rolle bei Rangordnungskämpfen.

CETSHWAYO

»Ich bin ein Kind Königin Victorias. Doch ich bin auch König meines eigenen Landes. Ich lasse mir nichts diktieren. Eher gehe ich zugrunde.«

Portrait von Cetshwayo in traditioneller Zulu-Tracht um 1880 (kleines Bild). 1881 interviewte die Schriftstellerin und Kriegsberichterstatterin Lady Florence Dixie Cetshwayo, der sich in britischer Kriegsgefangenschaft befand. Ihre Schriften und Berichte trugen dazu bei, die Sympathie für die Zulu und ihre Situation zu fördern (großes Bild).

Der Zulukrieg zählt zu den einschneidensten Ereignissen in der südafrikanischen Geschichte – und er ist untrennbar mit einem Namen verbunden: Cetshwayo kaMpande. Als Sohn des Zulukönigs Mpande kam er um 1826 nahe Eshowe in der heutigen Provinz KwaZulu-Natal zur Welt. Nach dem Tod seines Vaters und nachdem er seinen Bruder Mbuyazi 1856 in der »Prinzenschlacht« besiegt hatte, wurde er König. Doch sein mächtiges Reich war nach der britischen Annexion der Südafrikanischen Republik (Transvaal) 1877 fast gänzlich von britisch beherrschtem Gebiet umgeben. 1879 griffen die britischen Kolonialtruppen das Zulureich an. Doch die Briten hatten die Wehrfähigkeit und Disziplin der 40000 Mann starken Zulu-Armee unterschätzt: Am 22. Januar erlitt eine zahlenmäßig unterlegene britische Abteilung in der Schlacht bei Isandhlwana eine vernichtende Niederlage. Erst nach der Verstärkung der britischen Truppen wurden die Zulu am 4. Juli 1879 in der Schlacht von Ulundi geschlagen. Cetshwayo, ihr letzter souveräner König, wurde ins Exil verbannt, durfte jedoch 1883 nach Zululand zurückkehren, wo er im darauffolgenden Jahr verstarb. Sein politisches Geschick und der größte Sieg, den Krieger ohne Feuerwaffen je gegen eine moderne Armee erringen konnten, bleiben jedoch im Gedächtnis.

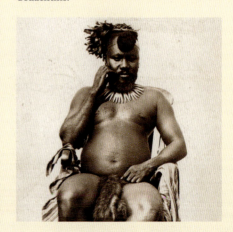

PHINDA GAME RESERVE

Das 23 000 Hektar große, private Schutzgebiet unweit des iSimangaliso Wetland Park wirkt wie eine üppige Oase. Eine der sieben hier vorkommenden Vegetationszonen ist der eigenwillige, auf Sanddünen wachsende Wald. Phinda beherbergt mit über 400 Arten einen außerordentlichen Vogelreichtum. Die »Big Five« Elefant, Nashorn, Büffel, Löwe und Leopard lassen sich auf dem Gelände gut beobachten, aber auch seltenere Tiere wie die scheuen Geparde werden regelmäßig bei den Game Drives gesichtet. Dies war nicht immer so – erst die Operation »Phinda Izilwane«, die »Rückkehr der Tiere«, legte mit der Wiedereinführung der durch Landwirtschaft verdrängten Arten den Grundstein für den Wildreichtum. Beim Schnorcheln oder Tauchen am Korallenriff in der nahen Sodwana Bay begegnet man Delfinen, Meeresschildkröten und einer Vielzahl leuchtend bunter Riffbewohner.

Alarmiert blicken diese Kudus nach links: Wer sich ihnen wohl so unangemeldet genähert hat? Die Tiere müssen vor allem große Raubtiere fürchten.

ISIMANGALISO WETLAND PARK

Das Kernstück des 3280 Quadratkilometer großen Nationalparks an der Nordostküste von KwaZulu-Natal ist der rund 350 Quadratkilometer messende, flache St.-Lucia-See, den ein Dünengürtel vom Indischen Ozean trennt. Gespeist von mehreren Flüssen, empfängt der See bei Flut auch Meerwasser. Der niedrige Salzgehalt lockt eine Vielzahl von Vogelarten an, die im flachen Brackwasser einen reich gedeckten Tisch vorfinden. Rosaflamingos, Pelikane, Stelzenläufer, Schlangenhalsvögel und Klunkerkraniche geben sich am See und entlang der Meeresküste, die ebenfalls unter Naturschutz steht, ein Stelldichein. Flusspferde wälzen sich im Wasser, und in den Mangrovensümpfen lauern Krokodile. Landeinwärts durchstreifen Büffel, Antilopen und Nashörner die Dornbuschsavanne. Die der Küste vorgelagerten Korallenriffe sind Heimat einer farbenfrohen Unterwasserfauna.

Das Naturschutzgebiet bietet nicht nur abwechslungsreiche Landschaften und Aussichtspunkte, sondern ist auch ein Rückzugsgebiet für eine Fülle von tierischen Bewohnern, darunter Wasserbock, Flusspferd, Nilkrokodil, Goliathreiher und Bärenpavian.

NILKROKODILE

Das Nilkrokodil ist heute im Nil weitgehend verschwunden. Es hat sich aber im Laufe der Jahrhunderte an zahlreichen Flüssen und Seen in Afrika ausgebreitet und hat sogar über das Meer die Inseln vor Afrikas Küste besiedelt. Das Reptil wird sieben Meter lang, sofern es die kritische Jugendzeit lebend übersteht. Denn sowohl die Eier als auch die geschlüpften Jungen sind einer Vielzahl von Gefahren ausgesetzt: Nilwarane und Reiher, Störche und Marabus machen sich darüber her. Die Weibchen bewachen das Gelege, das von der Sonne ausgebrütet wird, deshalb mit Argusaugen und führen die geschlüpften Jungen fürsorglich ans Wasser. Die ausgewachsenen Krokodile lauern nachts unbeweglich im Wasser. Nähert sich eine Beute, dann schießen sie mit enormer Geschwindigkeit ans Ufer und schnappen zu. Meist ertränken sie ihre Beute, um sie dann mit ihren Zähnen zu zerfleischen.

Zu den sich immer wieder am Flussufer zeigenden Tieren gehören Nilkrokodile. Friedlich dösend und mit grünen Algen und Schlamm zugedeckt, wirken sie gutmütig. Doch ihre Sinne sind stets hellwach.

ISIMANGALISO WETLAND PARK

Catalina Bay ist eine der Buchten am St.-Lucia-See und bietet atemberaubende Ausblicke auf den See und die umliegende Landschaft.

PONGOLA NATURE RESERVE

Als 1970 der Pongola River aufgestaut wurde, um Zuckerrohrplantagen zu bewässern, gab es in der Region des heutigen Nature Reserve nur noch wenig Wild. Dabei hatte Präsident Paul Kruger bereits 1894 die Einrichtung des Naturschutzgebietes verfügt, das aber später Burenfamilien besiedelten und als Farmland nutzten. Der zweite Versuch knapp 100 Jahre später wurde 1979 umgesetzt und war erfolgreicher. Reizvoll ist die Lage am See, in dem die von Anglern sehr geschätzten Tigerfische leben. Gefangen werden sie wegen der vielen Flusspferde und Krokodile von Booten aus. Giraffen, Kudus, Büffel und Elefanten durchstreifen die Dornbuschsavanne. Selbst die seltenen Nyalas und die Breitmaulnashörner lassen sich in der mit Akazien bewachsenen Ebene hervorragend beobachten. Game Drives finden mit dem offenen Fahrzeug oder mit dem Boot statt.

Die Landschaft ist geprägt vom Pongola River, der sich malerisch durch das Schutzgebiet schlängelt (unten). Die Natur beeindruckt mit einer artenreichen Vogelwelt und auffallenden Insekten wie dem Gefleckten Sonnenzeiger, einer leuchtend roten Libellenart (ganz unten).

TEMBE ELEPHANT PARK

Die größten Afrikanischen Elefanten und eine der kleinsten Antilopenarten, das Moschusböckchen, bewohnen das 30 000 Hektar große Areal an der Grenze zu Mosambik. Die von Dünenwäldern und Dornbuschsavannen geprägte Region war früher die Heimat riesiger Elefantenherden, die Wilderer und die Kriegswirren im benachbarten Mosambik dezimierten. Als das Schutzgebiet 1983 eingerichtet wurde, waren die verbliebenen Tiere so aggressiv, dass Besucher nicht eingelassen werden konnten. Erst zehn Jahre später konnte man den Park für Selbstfahrer öffnen. Der Elefantenbestand ist auf rund 250 Tiere angewachsen, darunter imposante Bullen mit Stoßzähnen, die eine Länge von bis zu zwei Metern erreichen. Außerdem streifen die restlichen Arten der »Big Five« sowie zahlreiche Antilopen, Giraffen, Zebras und Hyänen durch die lichten Wälder.

Die – im wahrsten Sinne des Wortes – großen Attraktionen des Parks sind die Elefanten, denen man nur mit gebührendem Abstand begegnen sollte, ganz besonders, wenn sie ihre Ohren als Drohgebärde abspreizen.

NDUMO GAME RESERVE

Wasserläufe, Seen und temporäre Vleis (Tonpfannen) prägen die Landschaft des 10 000 Hektar großen Schutzgebiets an der Grenze zu Mosambik. Feigenbäume und Fieberakazien säumen den Lauf der Flüsse Usutho und Pongola und bieten zusammen mit Dünenwäldern und Buschland über 430 Vogelarten ein Habitat. Damit besitzt Ndumo die höchste Vogelvielfalt Südafrikas. Bemerkenswert ist das Vorkommen tropischer Spezies, die eigentlich weiter nördlich in Ostafrika beheimatet sind, und die Vielzahl seltener Wasservögel wie Glockenreiher, Afrikanische Zwergente oder Witwenpfeifgans. Zahlreich sind auch die Krokodile in Seen und Flüssen. Bei Pirschfahrten oder geführten Buschwanderungen begegnet man Giraffen, Büffeln, Nyalas, Impalas und den winzigen Sunis, einer kleinen, auch als Moschusböckchen bekannten Antilopenart, die nur 40 Zentimeter groß wird.

Eine selbst für Südafrika ungewöhnliche Artenvielfalt zeigt sich im Ndumo-Reservat, darunter auch viele sonst nur weiter nördlich vorkommende Spezies. Ein weiterer Superlativ ist für die Besucher eher unerfreulich: In Ndumo haben Insektenkundler 66 verschiedene Moskitoarten identifiziert.

DIE »BIG FIVE«: ELEFANTEN

Kaum vorstellbar: Die größten lebenden Landsäugetiere ernähren sich ausschließlich von Gras und Laub, von denen sie etwa 300 Kilogramm am Tag zu sich nehmen müssen. Sie durchstreifen die Savanne in Herden von bis zu zehn Kühen mit ihren Jungtieren. Eine erfahrene Leitkuh führt sie an. Die Bullen sind Einzelgänger, nur gelegentlich schließen sie sich zu lockeren Verbänden zusammen. Da Elfenbein zur Schmuckherstellung und als Material für Skulpturen in Ostasien sehr geschätzt ist, sind Elefanten einer konstanten Bedrohung durch Wilderer ausgesetzt. Von drei bis fünf Millionen Afrikanischen Elefanten in den 1960er-Jahren sind heute nur noch etwa 415 000 übrig. Dabei ist die Population nicht gleichmäßig verteilt – in einigen Regionen wie Kenia schwinden die Bestände weiter, während das südliche Afrika dank effektiver Schutzmaßnahmen teils unter zu vielen

Elefanten leidet. Seit dem Jahr 2022 gilt für die Länder Namibia, Botsuana, Simbabwe und Südafrika eine Ausnahmeregelung des Washingtoner Artenschutzabkommens, die den Elfenbeinhandel unter strengen Auflagen erlaubt. Eine wachsende Bedrohung für die grauen Riesen stellt der zunehmende Bevölkerungsdruck dar. Siedlungen und landwirtschaftliche Nutzung verdrängen die Tiere aus ihrem angestammten Lebensraum, und es kommt immer häufiger zu Konflikten zwischen Mensch und Elefant.

So harmonisch wie hier im Kruger-Nationalpark ist das Zusammenleben von Mensch und Tier nicht überall. Projekte, die die Menschen an den Tourismuseinnahmen beteiligen, sollen Konflikte zwischen Bevölkerung und Artenschutz entschärfen.

ESWATINI UND LESOTHO

Die kleinen Binnenstaaten Eswatini (bis 2018 offiziell Swasiland) und Lesotho im Osten von Südafrika sind zusammen mit Marokko die letzten Monarchien Afrikas. Sie präsentieren das traditionelle Afrika mit friedlichen Rundhüttendörfern, gelebter Tradition und einer aufgeschlossenen, herzlichen Bevölkerung. Lesotho, als »Königreich im Himmel« von hohen Gebirgsriegeln umgeben, ist herausragend als Wandergebiet oder Areal für das Trekking mit den berühmten Basotho-Ponys geeignet; Eswatinis landschaftliche Vielfalt reicht von niedrig gelegenen Savannen bis zu den dichten Gebirgswäldern im Westen.

Wie von einer samtenen Decke umhüllt präsentiert sich die spektakuläre Berglandschaft im Malolotja Nature Reserve. Das eindrucksvolle Naturschutzgebiet, das mit 18 000 Hektar Fläche das größte des Königreichs ist, ist die letzte unberührte Bergwildnis von Eswatini, dem früheren Swasiland.

ESWATINI

Eswatini ist ein unabhängiges Königreich im Nordosten von Südafrika und wird von König Mswati III. regiert. Das Parlament hat keinen politischen Einfluss. Mit insgesamt 17364 Quadratkilometern Fläche ist Eswatini kleiner als der Kruger National Park. Seine Landschaftsräume reichen von dem etwa 300 Meter hohen Lowveld im Osten mit seinen Trockensavannen über die mittleren Höhenlagen des Middlevelds mit seinen grünen, fruchtbaren Hügeln bis auf 1862 Meter Höhe im westlichen Bergland, das mit dichten Wäldern bestanden ist. Eswatinis Charme machen seine herrlichen Naturlandschaften und die traditionellen Dörfer aus. In mehreren Nationalparks werden Flora und Fauna geschützt. Vor allem der Vogelreichtum ist überaus eindrucksvoll. Die Hauptstadt Mbabane hingegen ist wenig mehr als ein Provinzstädtchen mit lebhaftem Markt.

Traditionen spielen in Eswatini unter anderem bei der Kleidung und im Kunsthandwerk eine wichtige Rolle. Die Swasi sind eine Untergruppe der Nguni. Viele tragen auch heute oft traditionelle Emahiya – gemusterte togaähnliche Kleidungsstücke, die meist in Rot, Weiß und Schwarz gehalten sind.

MLILWANE WILDLIFE SANCTUARY

Mit der Einrichtung des kleinen Reservats auf der väterlichen Farm gab Ted Reilly 1959 den Startschuss für Naturschutzmaßnahmen in Eswatini. Der Name »Mlilwane«, »kleines Feuer«, ist bewusst gewählt und sollte unter anderem die Gründung weiterer Initiativen anfachen. Viele Wildarten waren zu diesem Zeitpunkt durch Siedlungen und Landwirtschaft verdrängt. Reilly renaturierte seine Farm, legte Wasserstellen an und wilderte Tiere, die früher hier ihren Lebensraum hatten, wieder aus. Da Reilly auf die Ansiedlung von Raubtieren verzichtete, können Besucher das Reservat ungefährdet zu Fuß erkunden. Das Wild wie Kudus, Nyalas oder Warzenschweine zeigt wenig Scheu und lässt die Menschen relativ nahe herankommen. Auch Krokodile und Flusspferde fühlen sich von den Gästen nicht gestört.

Relativ gefahrlos kann man sich den Gnus in Mlilwane zu Fuß nähern. Ein gewisser Abstand ist aber immer einzuhalten.

MALOLOTJA NATURE RESERVE

Im dicht besiedelten Eswatini lädt die Wildnisenklave von Malolotja zu ausgiebigen Wandertouren ein. Die Gebirgsregion bezaubert mit vielfältigen Landschaftsformen und einer artenreichen Flora. Knapp 40 verschiedene Orchideen kommen im Naturschutzgebiet vor. Im Frühjahr sind die Berghänge von einem Blütenmeer überzogen. Bei Wanderungen begegnet man Weißschwanzmangusten, gelegentlich kreuzt ein scheues Bleichböckchen oder ein Zebra den Pfad. Vorsicht ist vor den zahlreichen Schlangenarten geboten, die im felsigen Areal gute Deckung finden. Besonders reizvoll sind die vom Naturreservat angebotenen Canopy-Touren, bei denen Besucher die Natur aus der Vogelperspektive von den Baumwipfeln aus erkunden.

Zu den im Malolotja-Naturreservat anzutreffenden Tierarten gehört der Blessbock, eine Unterart des Buntbocks. Eine häufige Pflanzenart ist *Leucospermum gerrardii*.

ESWATINI UND LESOTHO

HLANE ROYAL NATIONAL PARK

Mit rund 300 Quadratkilometer Fläche ist Hlane das größte Naturschutzgebiet Eswatinis. Im flachen Bushveld finden Tiere wie Elefanten oder Breitmaulnashörner wenig Deckung und sind leicht aufzuspüren. In der Trockenzeit ziehen Herden von Steppenzebras, Kudus und Impalas in den nördlichen Teil des Parks, wo sie am Mbuluzana River Wasser finden. Mitte des 20. Jahrhunderts sah es im Osten des Landes noch völlig anders aus. Durch Farmen und eine Zinnmine war das Gebiet intensiv bewirtschaftet; 1959 wurde das letzte Wild gesichtet. Die Anfang des 20. Jahrhunderts zugewanderte Unternehmerfamilie Reilly beschloss damals, den Naturschutz in ihre Hand zu nehmen, und stellte dafür eigenes Land zur Verfügung. Eswatinis damaliger König Sobhuza II. folgte ihrem Beispiel und überließ sein königliches Jagdrevier. 1967 wurde das Gebiet zum Nationalpark erklärt.

Der Name »Hlane« ist Siswati (eine in Eswatini verbreitete Bantusprache) und bedeutet Wildnis. Die eswatinischen Könige nutzten das Gebiet einst als privates Jagdrevier. Zu den Bewohnern des heutigen Nationalparks zählen Nashörner (links), Nyalas (unten) und Löwen (ganz unten).

HLANE ROYAL NATIONAL PARK

An einem Wasserloch in Hlane Royal National Park durchstreifen Südliche Breitmaulnashörner die Gegend.

LESOTHO

Politisch eigenständig ist das rund 30 300 Quadratkilometer große Königreich Lesotho am Südrand der Drakensberge. Mehrere Flüsse wie der Oranje/Senqu durchströmen die zwischen 1000 und 2000 Meter hoch gelegenen Täler in teils bis zu 800 Meter tief eingeschnittenen Schluchten und verleihen ihnen grüne Üppigkeit, während in höheren Lagen nur noch zähes Gras und Dornbüsche der Witterung trotzen. Die rund 2,2 Millionen Sotho sind vorwiegend Bauern und Viehzüchter. Viele von ihnen leben in einfachen Rundhüttendörfern; die Landflucht treibt aber immer mehr Menschen in die Hauptstadt Maseru. Eingewandert sind die Sotho im Zug des großen Umbruchs, den Shaka Zulu mit seinen Eroberungen im südlichen Afrika zu Beginn des 19. Jahrhunderts ausgelöst hatte. Ureinwohner Lesothos waren die San, deren Felsbilder in vielen Höhlen zu finden sind.

Ts'ehlanyane National Park

Das 5300 Hektar große Schutzgebiet (neben Sehlabathebe einer der beiden Nationalparks Lesothos) liegt am Westrand der Drakensberge (Malotiberge) im Norden des Landes. Der Primärwald spielt im Nationalpark die Hauptrolle, denn hier oben in der entlegenen Bergwildnis Lesothos ist er noch in einem der letzten Wälder erhalten geblieben. Die knorrigen Zweige riesiger *Leucosidea*-Sträucher lassen die Region wie verzaubert wirken. Die Luft ist erfüllt vom Duft exotischer Pflanzen, von denen mehr als 220 verschiedene Arten im Nationalpark verzeichnet sind. Im Hochland leben hauptsächlich kleinere Säugetierarten wie Schabrackenschakal, Karakal, Klippschliefer und Kapotter: Sie können ihren Durst am Wasser des Ts'ehlanyane stillen. Der Fluss ist nach dem Südafrikanischen Bergbambus (*Thamnocalamus tessellatus*), einer in den Drakensbergen endemischen Süßgrasart benannt. Dieser verlieh auch dem Nationalpark, der den wichtigsten Lebensraum der Pflanze in der gesamten Gebirgsregion bildet, seinen Namen. Zahlreiche Wander- und Reitwege führen durch den Park, darunter ein spektakulärer, 39 Kilometer langer Weg, der den Nationalpark mit dem Bokong-Naturreservat verbindet. Von der Maliba Lodge aus werden Reitausflüge auf kräftigen heimischen Basotho-Ponys durch den Park angeboten.

Eine archaisch wirkende Welt begegnet dem Reisenden in Lesotho. Am Sani Pass grasen Schafe in der kargen Landschaft. Schaf- und Ziegenhirten, die in steinernen Rundhütten wohnen, sammeln Pflanzen als Futter für ihre Tiere und grüßen mit einem freundlichen »lumela«.

SANI PASS

Die spektakuläre Passstraße von Himeville/Südafrika nach Mokhotlong/Lesotho ist der einzige – und nur für geländegängige Autos befahrbare – Übergang über die südlichen Drakensberge. Die Route wurde in den 1950er-Jahren angelegt, ist nicht asphaltiert und in manchen Abschnitten außerordentlich steil. So klettert sie nach Passieren des südafrikanischen Grenzpostens auf 1900 Metern in 17 Serpentinen und auf nur neun Kilometern Strecke weitere 1000 Meter bergauf. Scheitelpunkt ist der 2895 Meter hohe Sani Pass, die Grenze zu Lesotho und zugleich Wasserscheide zwischen Atlantik und Pazifik. Die aufsehenerregende landschaftliche Szenerie mit karg bewachsenen Hängen, die sich zu den abgeflachten Gipfelplateaus der Tafelberge emporschwingen, überragt der Thabana-Ntlenyana (3482 Meter), der höchste Berg des südlichen Afrika.

Spektakulär windet sich die Straße den Berg hinauf, steile Haarnadelkurven verlangen höchste Konzentration. Hinzu kommen noch widrige äußere Umstände: Die Wetterbedingungen auf dem Pass sind oft schwierig, es regnet häufig, und selbst im Sommer ist mit plötzlichem Schneefall zu rechnen.

MALETSUNYANE GORGE

Mit 192 Metern, die der Fluss ohne eine einzige Stufung in die Schlucht hinabstürzt, gelten die Fälle des Maletsunyane River als die höchsten nicht unterbrochenen des südlichen Afrika; sie sind mehr als doppelt so hoch wie die südafrikanischen Lisbon Falls. Allerdings ist der Wasserstrahl recht schmal und kann deshalb mit anderen Fällen kaum konkurrieren. Der Fluss hat im Laufe von Jahrmillionen einen engen Canyon ausgewaschen, in den trittsichere Wanderer über einen Pfad am Rand des Wasserfalls hinunterklettern können. Abenteuerlicher ist es, an einem »Abseiling« über die Felswand teilzunehmen. Fälle und Schlucht beherbergen eine artenreiche Tier- und Pflanzenwelt, so die auffällige *Aloe polyphylla*, eine Aloenart, deren Blätter spiralförmig angeordnet sind und die als Lesothos Nationalblume gilt. Gelegentlich bekommen Wanderer einen Waldrapp zu Gesicht.

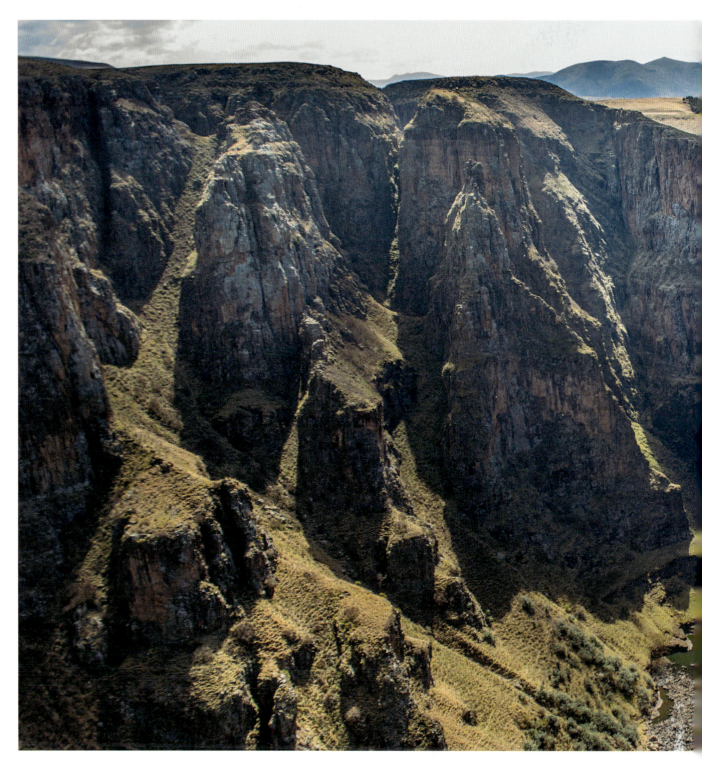

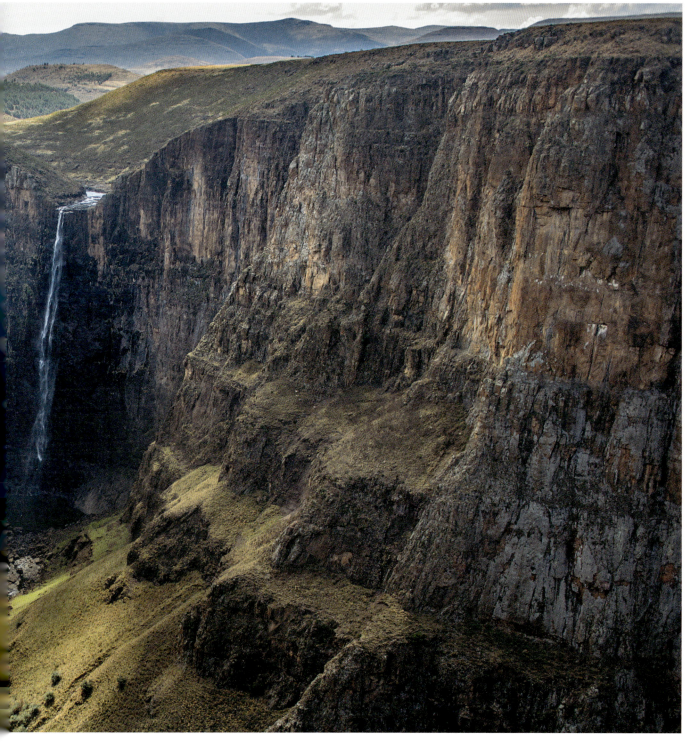

Die Maletsunyane-Schlucht durchbricht wie ein plötzlicher Einschnitt die sanfte Hügellandschaft. Da die Region nicht unter Naturschutz steht, ist sie von landwirtschaftlichem Raubbau bedroht.

REGISTER

A

Addo Elephant National Park s. Nationalpark Addo Elephant
Afrikaans 30, 78, 226
|Ai-|Ais Richtersveld Transfrontier Park s. Schutzgebiet |Ai-|Ais Richtersveld
Algoa Bay 144, 146
Apartheid 160, 166, 210, 220, 224, 226, 232, 236, 252, 314
Augrabies Falls National Park s. Nationalpark Augrabies Falls

B

Bakkrans Nature Reserve s. Naturreservat Bakkrans
Bantu 162
Barnard, Christiaan Neethling 28 f.
Basotho 248 f.
Berlin Falls 312
Betty's Bay 96
»Big Five« 152, 266, 272, 280, 364
Biosphärenreservat Kogelberg 96 ff.
Bloemfontein 240
Blouberg Beach 66 ff.
Blyde River Canyon Nature Reserve s. Naturreservat Blyde River Canyon
Bo-Kaap, Kapstadt 30
Bontebok National Park s. Nationalpark Bontebok
Boulders Beach 63 ff.
Brillenpinguine 63, 83, 86, 146
Büffel 136, 148, 152 f., 174, 238, 262, 268, 270, 274, 278, 284, 344, 346, 352, 354, 360
Buntböcke 106, 108
Buren 162, 210, 216, 240, 248, 276, 322 f., 323, 340

C

Camdeboo National Park s. Nationalpark Camdeboo
Camps Bay 44 ff.
Cango Caves 126
Cape Agulhas 104
»Cape Floral Kingdom« (UNESCO-Weltnaturerbe) 20

Cape of Good Hope Nature Reserve s. Naturreservat Cape of Good Hope
Cape Winelands 76 ff.
Cederberg Mountains s. Zederberge
Cetshwayo 350 f.
Chapman's Peak Drive 52, 56
Clifton 42
Clifton Bay 42
Coelacanthus 158
Coon Carnival 30

D

De Hoop Nature Reserve s. Naturreservat De Hoop
Diamanten 208 f.
Díaz, Bartolomeu 60, 110, 146
Donkin Street Houses 144
Drakensberge 250, 254, 292, 316, 324 ff.
Drostdy-Museum 126
Durban 318 ff.
- Beachfront 338
Dwesa-Cwebe Marine Protected Area s. Schutzgebiet Dwesa-Cwebe

E

East London 158
Eastern Free State 242
Elefanten 116, 148, 234, 238, 258, 260, 268, 270, 274, 278, 282, 284, 296, 344, 346, 360, 361, 364 f., 372
Eswatini 368 ff.

F

False Bay 48
Fernkloof Nature Reserve s. Naturreservat Fernkloof
Franschhoek 78
Freistaat 210 ff.

G

Garden Route 112
Garden Route National Park s. Nationalpark Garden Route
Gauteng 210 ff.
Gqeberha 144

Giant's Castle Game Reserve s. Schutzgebiet Giant's Castle
Giraffen 260, 270, 278, 284, 344, 360, 361, 362
Goegap Nature Reserve s. Naturreservat Goegap
Golden Gate Highlands National Park s. Nationalpark Golden Gate Highlands
Gordimer, Nadine 220
Great Karoo 130

H

Hartbeerspoort Dam Reservoir 238
Hermanus 100
Hlane Royal National Park s. Nationalpark Hlane Royal
Hluhluwe-iMfolozi Park 346 ff.
Hole in the Wall 169
Hout Bay 52 ff.

I/J

iSimangaliso Wetland Park 354 ff.
Ithala Game Reserve s. Schutzgebiet Ithala
Johannesburg 222 ff.
- Museen 224

K

Kalahari-Wüste 202 ff.
Kap der Guten Hoffnung 60 ff.
Kapama Game Reserve s. Schutzgebiet Kapama
Kapstadt 22 ff.
- Bo-Kaap 30
- Botanischer Garten, National Botanic Gardens am Tafelberg 40
- Castle of Good Hope 24
- Downtown 22
- Iziko South African Museum 25
- Long Street 26
- Shopping 36
- Strandleben 48 ff.
- Two Oceans Aquarium 37
- Victoria & Alfred Waterfront 32 ff.
- Victoria Wharf Mall 36

- William Fehr Collection of Africana 24
Karoo National Park s. Nationalpark Karoo
Kgalagadi Transfrontier Park s. Schutzgebiet Kgalagadi Transfrontier Park
Khoikhoi 184
Kimberley 206
Knysna 114
Knysna Forest 116
Kogelberg Biosphere Reserve s. Biosphärenreservat Kogelberg
Kommetjie 58
Kruger-Nationalpark 270 ff.
- Lanner Gorge 274
- Lepelle River & Olifants Rest Camp 298 ff.
- Letaba River 282
- Südlicher Teil 284
Kruger National Park s. Kruger-Nationalpark
Kruger, Paul 276 f., 360
Kwazulu-Natal 316 ff.

L

Lamberts Bay 86
Leoparden 88, 148, 238, 260, 268, 280 f., 296, 346
Lesotho 376 ff.
Limpopo 250 ff.
Lion's Head 38, 42
Little Karoo 122 ff.
Lodges 290 f.
Löwen 136, 148, 154, 234, 238, 260, 268, 270, 272 f., 286, 346

M

Madikwe Game Reserve s. Schutzgebiet Madikwe
Magoebaskloof 254 ff.
Makalali Game Reserve s. Schutzgebiet Makalali
Makeba, Miriam 162, 231, 232 f., 314
Maletsunyane Gorge 380
Malolotja Nature Reserve s. Naturreservat Malolotja
Mandela, Nelson 70, 72 f., 138, 160, 162, 224, 226, 232

Mapungubwe National Park s. Nationalpark Mapungubwe
Marakele National Park s. Nationalpark Marakele
Masekela, Hugh 314 f.
m'Bashe Lighthouse 174
Mlilwane Wildlife Sanctuary s. Wildreservat Mlilwane
Mossel Bay 110
Mountain Zebra National Park s. Nationalpark Mountain Zebra
Mpumalanga 250 ff.
Muizenberg 48

N
Nahoon Beach 158
Nama 122, 176, 180, 184 f.
Namaqua National Park s. Nationalpark Namaqua
Namaqualand 186 ff.
Nashörner 136, 148, 154, 194, 238, 260, 266 f., 268, 270, 284, 344, 346, 354, 360, 372
Nationalpark Addo Elephant 148 ff.
Nationalpark Augrabies Falls 194 ff.
Nationalpark Bontebok 108
Nationalpark Camdeboo 134
Nationalpark Garden Route/ Tsitsikamma 140 ff.
Nationalpark Golden Gate Highlands 244 ff.
Nationalpark Hlane Royal 372 ff.
Nationalpark Karoo 132
Nationalpark Mapungubwe 260
Nationalpark Marakele 258
Nationalpark Mountain Zebra 136
Nationalpark Namaqua 188 ff.
Nationalpark Royal Natal 336
Nationalpark Table Mountain 62
Nationalpark Ts'ehlanyane 376
Nationalpark West Coast 84
Naturreservat Bakkrans 94
Naturreservat Blyde River Canyon 302 ff.
- Bourke's Luck Potholes 308 ff.
- God's Window 306

Naturreservat Cape of Good Hope 62
Naturreservat De Hoop 106
Naturreservat Fernkloof 100
Naturreservat Goegap 192
Naturreservat Malolotja 370
Naturreservat Pongola 360
Naturreservat Rugged Glen 338
Naturreservat Swartberg 128
Ndebele 212, 216, 248, 252 f.
Ndumo Game Reserve s. Schutzgebiet Ndumo
Nilkrokodile 356
Nordkap 176 ff.
Nordwest 210 ff.

O
Orange River/Oranje 176
Ostkap 138 ff.
Oudtshoorn 123
Outeniqua Choo-Tjoe 110

P
Paarl 78
Paviane 62, 100, 194, 278, 330, 336
Phinda Game Reserve s. Schutzgebiet Phinda
Pietermaritzburg 323
Pilanesberg National Park & Game Reserve s. Schutzgebiet Pilanesberg National Park & Game Reserve
Plettenberg Bay 112, 118
Pongola Nature Reserve s. Naturreservat Pongola
Port Elizabeth s. Gqeberha
Pretoria 212 ff.
- Ditsong National Museum of Natural History 218
- Voortrekker Monument 216
Pretorius, Andries 216

R
Robben Island 70
Royal Natal National Park s. Nationalpark Royal Natal
Rugged Glen Nature Reserve s. Naturreservat Rugged Glen

S
Sabi Sabi Game Reserve s. Schutzgebiet Sabi Sabi
Sabi Sands Game Reserve s. Schutzgebiet Sabi Sands
Sabie River 312
San 25, 88, 92 f., 122, 128, 180, 184, 332 f.
- Felsmalereien 92 f., 244, 324, 326, 328, 330, 334 f., 376
Sani Pass 378
Schutzgebiet |Ai-|Ais Richtersveld Transfrontier Park 180 ff.
Schutzgebiet Dwesa-Cwebe 174
Schutzgebiet Giant's Castle 328
Schutzgebiet Ithala 344
Schutzgebiet Kapama 268
Schutzgebiet Kgalagadi Transfrontier Park 198 ff.
Schutzgebiet Madikwe 234
Schutzgebiet Makalali 262 ff.
Schutzgebiet Ndumo 262
Schutzgebiet Phinda 352
Schutzgebiet Pilanesberg National Park & Game Reserve 238
Schutzgebiet Sabi Sabi 294
Schutzgebiet Sabi Sands 296
Schutzgebiet Shamwari 154 ff.
Schutzgebiet Timbavati 286
Schutzgebiet Ulusaba 288
Shakaland 340, 342
Shamwari Game Reserve s. Schutzgebiet Shamwari
Simon's Town 48, 63
Soweto 214, 226 ff.
Stellenbosch 76
Stellenbosch Wine Routes 81 f.
Strauße 62, 120 f., 123, 192
Sun City 236
Swartberg Nature Reserve s. Naturreservat Swartberg
Swartland 82
Swasiland s. Eswatini
Swellendam 126

T
Table Mountain National Park s. Nationalpark Table Mountain
Tafelberg 38 ff.

Tembe Elephant Park 361
Timbavati Game Reserve s. Schutzgebiet Timbavati
»Township Jive« 230 f.
Townships 214 f.
Transkei 160
Ts'ehlanyane National Park s. Nationalpark Ts'ehlanyane
Tshwane 212
Tsitsikamma National Park s. Nationalpark Garden Route
Tutu, Desmond 162, 166 f.
Twelve Apostles 44 ff.

U
uKhahlamba-Drakensberg Park 326 ff.
- Cathedral Peak 330
- Giant's Castle Game Reserve 328
Ulusaba Game Reserve s. Schutzgebiet Ulusaba

V
Valley of Desolation 134
Van der Stel, Simon 74, 76, 81
Van Riebeeck, Jan 24, 40, 52, 76, 80
Vogelwelt 298 ff.

W
Wale 48, 62, 83, 100, 102 f., 104, 106, 110, 112, 118, 146, 148
Weinbau 74, 78, 80 f., 81, 100, 178
Weißer Hai 148, 172 f.
West Coast 83
West Coast National Park s. Nationalpark West Coast
Westkap 20
Whale Watching 102 f.
Wild Coast 168 ff.
Wildreservat Mlilwane 370

X/Z
Xhosa 160, 162 ff., 322, 332, 340
Zederberge 88 ff., 92 f.
Zulu 212, 216, 248, 316, 322, 323, 340 f., 342, 350 f.

BILDNACHWEIS · IMPRESSUM

G = Getty Images, M = Mauritius Images

Cover G/Sculpies (Tafelberg)
S. 2/3 Look/Sabine Lubenow, S. 4/5 Look/Rolf Frei, S. 6/7 Martin Mecnarowski/Shutterstock.com, S. 8/9 G/Martin Harvey, S. 10/11 Look/Michael Boyny, S. 12/13 matthieu Gallet/Shutterstock.com, S. 14/15 G/Sproetniek, S. 20/21 Look/Arnt Haug, S. 22/23 Arnold.Petersen/Shutterstock.com, S. 24 G/Education Images, S. 25 M/Raimund Franken, S. 25 M/Raimund Franken, S. 25 M/Raimund Franken, S. 26/27 Look/Hendrik Holler, S. 28 G/Bettmann, S. 29 G/UniversalImagesGroup, S. 30/31 G/Yoann Jezequel Photography, S. 31 Daniel Turbasa/Shutterstock.com, S. 31 G/Jon Hicks, S. 32/33 Look/Sabine Lubenow, S. 34/35 Look/robertharding, S. 36 G/Mikedabell, S. 36 Look/travelstock44, S. 37 TUX85/Shutterstock.com, S. 38/39 G/Chiara Salvadori, S. 40 M/Alamy, S. 41 M/Peter Maguire Photography, S. 42/43 G/Martin Harvey, S. 44/45 Juergen_Wallstabe/Shutterstock.com, S. 46/47 G/4FR, S. 48/49 Look/Bernhard Limberger, S. 50/51 Look/Ulli Seer, S. 52 M/Alamy, S. 52/53 M/Zero Creatives, S. 54/55 G/Geoff Spiby, S. 56/57 Look/Jan Greune, S. 58/59 G/LouisHiemstra, S. 60/61 G/Mint Images - Art Wolfe, S. 62 G/Westend61, S. 63 G/Minden Pictures, S. 63 Look/Minden Pictures, S. 64/65 Look/Jan Greune, S. 66/67 M/Alamy, S. 67 M/robertharding / Alain Evrard, S. 67 Roanne de Haast, S. 68/69 Heinrich Knoetze/Shutterstock.com, S. 70 G/Hoberman Collection, S. 70 M/Heiner Heine, S. 70/71 G/Paul Gilham, S. 72 G/Per-Anders Pettersson, S. 73 G/Marco Prosch, S. 74/75 Look/Hendrik Holler, S. 76 Look/Michael Boyny, S. 77 Look/Michael Boyny, S. 78/79 Look/Photononstop, S. 80 G/David Silverman, S. 81 Look/Hein van Tonder, S. 82 Look/Hendrik Holler, S. 83 Roger in de Harpe/Shutterstock.com, S. 83 Roxane 134/Shutterstock.com, S. 83 M/Andy Selinger, S. 84/85 Look/age fotostock, S. 85 Abraham Badenhorst/Shutterstock.com, S. 85 Andrew M. Allport/Shutterstock.com, S. 86/87 G/imageBROKER/Ingo Schulz, S. 88 G/Bob Gibbons, S. 88/89 G/Hein von Horsten, S. 90/91 G/Chiara Salvadori, S. 92 Kobus Peche/Shutterstock.com, S. 93 G/Alex Treadway, S. 94/95 M/Piotr Naskrecki, S. 96 M/Arnaud Descat, S. 96/97 M/Eric Nathan, S. 96/97 Marisa Estivill/Shutterstock.com, S. 98/99 M/Morgan Trimble, S. 100 G/REDA&CO, S. 100/101 Look/Tetra, S. 102/103 M/Reinhard Dirscherl, S. 104 Look/Design Pics, S. 104/105 Look/Design Pics, S. 106/107 Karen Edmondson/Shutterstock.com, S. 107 M/Michael & Patricia Fogden, S. 108/109 G/Christian Heinrich, S. 110/111 G/WaynePhotography, S. 110/111 Edith ross/Shutterstock.com, S. 112/113 Look/Arnt Haug, S. 114/115 M/Michael Müller, S. 116/117 Sara Winter/Shutterstock.com, S. 117 Dewald Kirsten/Shutterstock.com, S. 117 G/Bradleyhebdon, S. 118/119 G/Peter Unger, S. 120/121 G/Merten Snijders, S. 122/123 M/Alamy, S. 123 Lourens Botha/Shutterstock.com, S. 124/125 M/Juergen Held, S. 126/127 Andrea Willmore/Shutterstock.com, S. 126/127 M/David South, S. 128/129 M/Alamy, S. 130/131 Look/Franz Marc Frei, S. 132 PACO COMO/Shutterstock.com, S. 132 Roger de la Harpe/Shutterstock.com, S. 132/133 G/Andia, S. 134/135 Alamy/James Osmond, S. 136/137 G/Arterra, S. 138/139 Look/Reinhard Dirscherl, S. 140 G/Juergen Ritterbach, S. 140 G/AlagnaMarco, S. 140/141 Codegoni Daniele/Shutterstock.com, S. 142/143 M/Ernie Janes, S. 144/145 Four Oaks/Shutterstock.com, S. 146/147 G/Franz Aberham, S. 148 EcoPrint/Shutterstock.com, S. 148 G/J Dennis Nigel, S. 148/149 G/Michelle Spatari , S. 150/151 G/Giorgio Bighi, S. 152/153 Look/Rolf Frei, S. 154/155 G/Gavin Bickerton-Jones, S. 155 G/Mikael Drackner, S. 156/157 Gunter Nuyts/Shutterstock.com, S. 158/159 G/ToscaWhi, S. 158/159 G/Louis Roodt, S. 160/161 G/Parnupong Norasethkamol, S. 162 G/John Seaton Callahan, S. 163 Look/age fotostock, S. 164/165 G/Gianluigi Guercia, S. 166 Bart Sherkow/Shutterstock.com, S. 167 G/Susan Winters Cook, S. 168/169 G/by wildestanimal, S. 169 M/Chris & Monique Fallows, S. 170/171 G/Wildacad, S. 172/173 G/by wildestanimal, S. 174/175 G/Peter Chadwick, S. 175 M/Gerry Ellis, S. 176/177 G/Guenter Fischer, S. 178/179 G/Alta Oosthuizen, S. 180 G/Guenter Fischer, S. 180 M/Pixtal, S. 180/181 Look/Design Pics, S. 182/183 Look/Design Pics, S. 184/185 G/Florilegius, S. 186/187 Grobler du Preez/Shutterstock.com, S. 188/189 M/robertharding / James Hager, S. 189 M/Frans Lanting, S. 189 G/Etwin Aslander, S. 190/191 G/Guenter Fischer, S. 192 Fred Turck/Shutterstock.com, S. 192/193 G/Guenter Fischer, S. 194/195 WOLF AVNI/Shutterstock.com, S. 195 G/Beata Whitehead, S. 195 G/Beata Whitehead, S. 196/197 M/Van der Meer Marica, S. 198/199 Simon Eeman/Shutterstock.com, S. 199 Photography Phor Phun/Shutterstock.com, S. 200/201 Look/age fotostock, S. 202/203 G/Hannes Thirion, S. 204/205 M/Alamy, S. 206/207 G/Jennifer Sophie, S. 207 G/THEGIFT777, S. 207 M/Pierre Lombard, S. 208/209 G/Collart Hervé, S. 210/211 Arnold.Petersen/Shutterstock.com, S. 212/213 M/Florian Kopp, S. 214/215 G/THEGIFT777, S. 216/217 G/Hoberman Collection, S. 217 G/Wikus De Wet, S. 217 G/Wikus De Wet, S. 218 G/Gallo Images, S. 218 G/Gallo Images, S. 218 G/Gallo Images, S. 218/219 M/Alamy, S. 220 M/Roger tillberg, S. 221 G/Ulf Andersen, S. 222/223 G/THEGIFT777, S. 224 G/Anadolu, S. 224 Artush/Shutterstock.com, S. 224/225 G/Anadolu, S. 226 G/Per-Anders Pettersson, S. 227 G/Bettmann, S. 228/229 G/James Strachan, S. 230/231 Wirestock Creators/Shutterstock.com, S. 232 G/Reporters Associes, S. 233 G/Reporters Associes, S. 234/235 Roger de la Harpe/Shutterstock.com, S. 236/237 Look/Franz Marc Frei, S. 238/239 Vaclav Sebek/Shutterstock.com, S. 238/239 M/Eric Nathan, S. 240 Arnold.Petersen/Shutterstock.com, S. 240/241 Arnold.Petersen/Shutterstock.com, S. 242/243 G/0769413174 Turnbull-Kemp / 500px, S. 244/245 G/Angus Mackinnon, S. 246/247 G/Paul Bruins Photography, S. 248 Gil.K/Shutterstock.com, S. 249 G/Subman, S. 250/251 Look/Avalon.red2, S. 252 Look/Photononstop, S. 253 G/Martin Harvey, S. 254/255 G/Marieke Peche, S. 255 M/Marieke Peche, S. 255 M/Marieke Peche, S. 256/257 G/Paul Bruins Photography, S. 258 M/Richard du Toit, S. 258/259 G/Michael Schwarz, S. 260/261 G/Andy Nixon, S. 262/263 G/Peter Wendin / 500px, S. 263 Martin Pelanek/Shutterstock.com, S. 263 Anna-Carina Nagel/Shutterstock.com, S. 263 Cassia Bars Hering/Shutterstock.com, S. 263 Jurgens Potgieter/Shutterstock.com, S. 264/265 G/Glowimages, S. 266/267 Look/age fotostock, S. 268/269 G/Henrik Karlsson, S. 270/271 G/Edwin Remsberg, S. 271 Look/robertharding, S. 272/273 G/Thomas Retterath, S. 274/275 M/Morgan Trimble, S. 276 G/Culture Club, S. 277 G/Reinhold Thiele, S. 278 M/Russell Hunter, S. 278/279 M/Willie sator, S. 280/281 G/Hoberman Collection, S. 282 Harry Beugelink/Shutterstock.com, S. 282 Marieke Peche/Shutterstock.com, S. 282 Wirestock Creators/Shutterstock.com, S. 282/283 Mark G Williams/Shutterstock.com, S. 284/285 Alamy/Jason Gallier, S. 286 Look/ClickAlps, S. 286 G/Robert C Nunnington, S. 286/287 francesco de marco/Shutterstock.com, S. 288/289 Look/Franz Marc Frei, S. 290 Leonard Zhukovsky/Shutterstock.com, S. 291 M/Baarssen Fokke, S. 292/293 G/Martin Harvey, S. 294/295 G/Frank Slack, S. 295 M/Alamy, S. 296 M/Alamy, S. 296 G/Michael Beder, S. 296/297 M/Mint Images, S. 298 PACO COMO/Shutterstock.com, S. 298 G/Wild Horizon, S. 298 Danny Ye/Shutterstock.com, S. 299 M/Bernd Rohrschneider, S. 300/301 G/Beata Whitehead, S. 302/303 M/Dirk Bleyer, S. 304/305 G/Mark Meredith, S. 306/307 mhenrion/Shutterstock.com, S. 308 Jennifer Sophie/Shutterstock.com, S. 308/309 G/Dirk Freder, S. 310/311 G/Martin Harvey, S. 312/313 LUC KOHNEN/Shutterstock.com, S. 314 G/WPA Pool, S. 315 G/Michael Ochs Archives, S. 316/317 G/Cliff Parnell, S. 318 Debbie Aird Designs/Shutterstock.com, S. 318 G/THEGIFT777, S. 318/319 M/imageBROKER, S. 320/321 G/THEGIFT777, S. 322 M/Photostock-Israel, S. 323 G/David Bartlett, S. 324/325 G/Emil Von Maltitz, S. 326/327 Look/Andreas Straufl, S. 327 G/Oliver Gerhard, S. 327 Rudi van den Heever/Shutterstock.com, S. 328/329 G/Emil Von Maltitz, S. 330/331 G/Emil Von Maltitz, S. 332/333 2630ben/Shutterstock.com, S. 334 chrisdaviez/Shutterstock.com, S. 335 G/Heritage Images, S. 336/337 Look/Andreas Straufl, S. 338/339 M/Vincent Grafhorst, S. 340 G/Martin Harvey, S. 341 Olga Gordeeva/Shutterstock.com, S. 342/343 M/Dani Carlo, S. 344/345 M/Ann and Steve Toon, S. 346/347 G/Herbert Kratky, S. 347 Martin Mecnarowski/Shutterstock.com, S. 348/349 Nicci Auchincloss/Shutterstock.com, S. 350 G/Henry Guttmann Collection, S. 351 G/DEA / Biblioteca Ambrosiana, S. 352/353 G/Heinrich van den Berg, S. 354/355 Look/Minden Pictures, S. 355 M/Günter Lenz, S. 355 M/Scott Hurd, S. 356/357 G/Wim van den Heever, S. 358/359 G/Emil Von Maltitz, S. 360 M/Alamy, S. 360 Werner Peters/Shutterstock.com, S. 360 G/Richard l'Anson, S. 361 G/David Buzzard - media-centre.ca, S. 362/363 WOLF AVNI/Shutterstock.com, S. 364/365 Look/Minden Pictures, S. 366/367 LOUIS/MICHEL DESERT/Shutterstock.com, S. 368/369 G/Edwin Remsberg, S. 370/371 Dirk M. de Boer/Shutterstock.com, S. 370/371 PACO COMO/Shutterstock.com, S. 371 M/Christian Dietz, S. 372/373 G/Pal Teravagimov Photography, S. 373 G/Pal Teravagimov Photography, S. 373 G/Pal Teravagimov Photography, S. 374/375 M/Correia Patrice, S. 376 G/Subman, S. 376/377 G/Edwin Remsberg, S. 378/379 G/Peter de Groot / 500px, S. 380/381 G/Edwin Remsberg.

© 2025 Kunth Verlag, München
MAIRDUMONT GmbH & Co. KG, Ostfildern
Kistlerhofstraße 111
81379 München
Tel. +49 (0) 89 45 80 20-0
www.kunth-verlag.de
info@kunth-verlag.de

ISBN 978-3-96965-185-8
1. Auflage
Printed in Latvia

Text: Daniela Schetar, Melanie Goldmann
Redaktion: twinbooks, München
Gestaltung und Satz: twinbooks, München

Alle Rechte vorbehalten. Reproduktionen, Speicherung in Datenverarbeitungsanlagen, Wiedergabe auf elektronischen, fotomechanischen oder ähnlichen Wegen nur mit der ausdrücklichen Genehmigung des Copyrightinhabers.
Alle Fakten wurden nach bestem Wissen und Gewissen mit der größtmöglichen Sorgfalt recherchiert. Redaktion und Verlag können jedoch für die absolute Richtigkeit und Vollständigkeit der Angaben keine Gewähr leisten. Der Verlag ist für alle Hinweise und Verbesserungsvorschläge jederzeit dankbar.